海上絲綢之路基本文獻叢書

蓬窗日録（一）

〔明〕陳全之 撰

文物出版社

圖書在版編目（CIP）數據

蓬窗日録．一 /（明）陳全之撰．-- 北京 ：文物出版社，2023.3
（海上絲綢之路基本文獻叢書）
ISBN 978-7-5010-7952-0

Ⅰ．①蓬… Ⅱ．①陳… Ⅲ．①筆記－中國－明代－選集②中國歷史－史料－明代 Ⅳ．① K248.066

中國國家版本館 CIP 數據核字（2023）第 026443 號

海上絲綢之路基本文獻叢書

蓬窗日録（一）

撰　　者：〔明〕陳全之
策　　劃：盛世博閱（北京）文化有限責任公司

封面設計：鞏榮彪
責任編輯：劉永海
責任印製：張　麗

出版發行：文物出版社
社　　址：北京市東城區東直門内北小街 2 號樓
郵　　編：100007
網　　址：http://www.wenwu.com
經　　銷：新華書店
印　　刷：河北賽文印刷有限公司
開　　本：787mm×1092mm　1/16
印　　張：18.75
版　　次：2023 年 3 月第 1 版
印　　次：2023 年 3 月第 1 次印刷
書　　號：ISBN 978-7-5010-7952-0
定　　價：98.00 圓

總緒

海上絲綢之路，一般意義上是指從秦漢至鴉片戰争前中國與世界進行政治、經濟、文化交流的海上通道，主要分爲經由黄海、東海的海路最終抵達日本列島及朝鮮半島的東海航綫和以徐聞、合浦、廣州、泉州爲起點通往東南亞及印度洋地區的南海航綫。

在中國古代文獻中，最早、最詳細記載『海上絲綢之路』航綫的是東漢班固的《漢書·地理志》，詳細記載了西漢黄門譯長率領應募者入海『齎黄金雜繒而往』之事，書中所出現的地理記載與東南亞地區相關，并與實際的地理狀况基本相符。

東漢後，中國進入魏晋南北朝長達三百多年的分裂割據時期，絲路上的交往也走向低谷。這一時期的絲路交往，以法顯的西行最爲著名。法顯作爲從陸路西行到印度，再由海路回國的第一人，根據親身經歷所寫的《佛國記》（又稱《法顯傳》）一書，詳細介紹了古代中亞和印度、巴基斯坦、斯里蘭卡等地的歷史及風土人情，是瞭解和研究海陸絲綢之路的珍貴歷史資料。

隨着隋唐的統一，中國經濟重心的南移，中國與西方交通以海路爲主，海上絲綢之路進入大發展時期。廣州成爲唐朝最大的海外貿易中心，朝廷設立市舶司，專門管理海外貿易。唐代著名的地理學家賈耽（七三〇～八〇五年）的《皇華四達記》記載了從廣州通往阿拉伯地區的海上交通『廣州通海夷道』，詳述了從廣州港出發，經越南、馬來半島、蘇門答臘島至印度、錫蘭，直至波斯灣沿岸各國的航綫及沿途地區的方位、名稱、島礁、山川、民俗等。譯經大師義净西行求法，將沿途見聞寫成著作《大唐西域求法高僧傳》，詳細記載了海上絲綢之路的發展變化，是我們瞭解絲綢之路不可多得的第一手資料。

宋代的造船技術和航海技術顯著提高，指南針廣泛應用於航海，中國商船的遠航能力大大提升。北宋徐兢的《宣和奉使高麗圖經》詳細記述了船舶製造、海洋地理和往來航綫，是研究宋代海外交通史、中朝友好關係史、中朝經濟文化交流史的重要文獻。南宋趙汝适《諸蕃志》記載，南海有五十三個國家和地區與南宋通商貿易，形成了通往日本、高麗、東南亞、印度、波斯、阿拉伯等地的『海上絲綢之路』。宋代爲了加强商貿往來，於北宋神宗元豐三年（一〇八〇年）頒布了中國歷史上第一部海洋貿易管理條例《廣州市舶條法》，并稱爲宋代貿易管理的制度範本。

元朝在經濟上採用重商主義政策，鼓勵海外貿易，中國與世界的聯繫與交往非常頻繁，其中馬可·波羅、伊本·白圖泰等旅行家來到中國，留下了大量的旅行記，記録元代海上絲綢之路的盛况。元代的汪大淵兩次出海，撰寫出《島夷志略》一書，記録了二百多個國名和地名，其中不少首次見於中國著録，涉及的地理範圍東至菲律賓群島，西至非洲。這些都反映了元朝時中西經濟文化交流的豐富内容。

明、清政府先後多次實施海禁政策，海上絲綢之路的貿易逐漸衰落。但是從明永樂三年至明宣德八年的二十八年裏，鄭和率船隊七下西洋，先後到達的國家多達三十多個，在進行經貿交流的同時，也極大地促進了中外文化的交流，這些都詳見於《西洋蕃國志》《星槎勝覽》《瀛涯勝覽》等典籍中。

關於海上絲綢之路的文獻記述，除上述官員、學者、求法或傳教高僧以及旅行者的著作外，自《漢書》之後，歷代正史大都列有《地理志》《四夷傳》《西域傳》《外國傳》《蠻夷傳》《屬國傳》等篇章，加上唐宋以來衆多的典制類文獻、地方史志文獻，集中反映了歷代王朝對於周邊部族、政權以及西方世界的認識，都是關於海上絲綢之路的原始史料性文獻。

海上絲綢之路概念的形成，經歷了一個演變的過程。十九世紀七十年代德國地理學家費迪南・馮・李希霍芬(Ferdinad Von Richthofen，一八三三～一九〇五)，在其《中國：親身旅行和研究成果》第三卷中首次把輸出中國絲綢的東西陸路稱爲『絲綢之路』。有『歐洲漢學泰斗』之稱的法國漢學家沙畹(Édouard Chavannes，一八六五～一九一八)，在其一九〇三年著作的《西突厥史料》中提出『絲路有海陸兩道』，蘊涵了海上絲綢之路最初提法。迄今發現最早正式提出『海上絲綢之路』一詞的是日本考古學家三杉隆敏，他在一九六七年出版《中國瓷器之旅：探索海上的絲綢之路》中首次使用『海上絲綢之路』一詞；一九七九年三杉隆敏又出版了《海上絲綢之路》一書，其立意和出發點局限在東西方之間的陶瓷貿易與交流史。

二十世紀八十年代以來，在海外交通史研究中，『海上絲綢之路』一詞逐漸成爲中外學術界廣泛接受的概念。根據姚楠等人研究，饒宗頤先生是中國學者中最早提出『海上絲綢之路』的人，他的《海道之絲路與昆侖舶》正式提出『海上絲路』的稱謂。選堂先生評價海上絲綢之路是外交、貿易和文化交流作用的通道。此後，學者馮蔚然在一九七八年編寫的《航運史話》中，也使用了『海上絲綢之路』一詞，此書更多地限於航海活動領域的考察。一九八〇年北京大學陳炎教授提出『海上絲綢之路』研究，并於一九八一年發表《略論海上絲綢之路》一文。他對海上絲綢之路的理解超越以往，且帶有濃厚的愛國主義思想。陳炎教授之後，從事研究海上絲綢之路的學者越來越多，尤其沿海港口城市向聯合國申請海上絲綢之路非物質文化遺産活動，將海上絲綢之路研究推向新高潮。另外，國家把建設『絲綢之路經濟帶』和『二十一世紀海上絲綢之路』作爲對外發展方針，將這一學術課題提升爲國家願景的高度，使海上絲綢之路形成超越學術進入政經層面的熱潮。

與海上絲綢之路學的萬千氣象相對應，海上絲綢之路文獻的整理工作仍顯滯後，遠遠跟不上突飛猛進的研究進展。二〇一八年厦門大學、中山大學等單位聯合發起『海上絲綢之路文獻集成』專案，尚在醞釀當中。我們不揣淺陋，深入調查，廣泛搜集，將有關海上絲綢之路的原始史料文獻和研究文獻，分爲風俗物産、雜史筆記、海防海事、典章檔案等六個類别，彙編成《海上絲綢之路歷史文化叢書》，於二〇二〇年影印出版。此輯面市以來，深受各大圖書館及相關研究者好評。爲讓更多的讀者親近古籍文獻，我們遴選出前編中的菁華，彙編成《海上絲綢之路基本文獻叢書》，以單行本影印出版，以饗讀者，以期爲讀者展現出一幅幅中外經濟文化交流的精美畫卷，爲海上絲綢之路的研究提供歷史借鑒，爲『二十一世紀海上絲綢之路』倡議構想的實踐做好歷史的詮釋和注脚，從而達到『以史爲鑒』『古爲今用』的目的。

凡例

一、本編注重史料的珍稀性，從《海上絲綢之路歷史文化叢書》中遴選出菁華，擬出版數百册單行本。

二、本編所選之文獻，其編纂的年代下限至一九四九年。

三、本編排序無嚴格定式，所選之文獻篇幅以二百餘頁爲宜，以便讀者閱讀使用。

四、本編所選文獻，每種前皆注明版本、著者。

五、本編文獻皆爲影印，原始文本掃描之後經過修復處理，仍存原式，少數文獻由於原始底本欠佳，略有模糊之處，不影響閱讀使用。

六、本編原始底本非一時一地之出版物，原書裝幀、開本多有不同，本書彙編之後，統一爲十六開右翻本。

目録

蓬窗日録（一）

蓬窗日録（一）

序至卷二

〔明〕陳全之 撰

明嘉靖四十四年刻本

蓬窗日録序

津南陳公烋晉藩之明年政既成乃出其所著蓬窗日録者視諸太原吴侯侯請而刻諸祁乃問序于後菴朱氏朱氏讀之罔不章章稱快也曰録也爲世道計也其可傳也夫録凡爲目者四雖述作罔專細大不擇要其指于治理爲詳兹不他論論治序曰

稽諸往諜君臣道合必數奏以考功
擬議以盡變計定而往善也百計而
百全善之善也故立功立言哲人尚
焉然士絀于時者每每十五此其故
何哉嗟難言矣非獨世之過也亦夫
人之不善用世焉爾是故負士名者
亡治具亡功有具矣而弗遇亡功具
而遇矣不善用與用而不終者亦竟

亡功嗚呼此古之治日所以常少也
當今
聖神御宇久道蒸蒸海內稱極治矣百
司受成安所裨益然少有計畫以聽
采擇者不過曰國勢曰士風曰紀綱
曰宗藩曰士馬曰食貨曰南之倭北
之胡與時低昂大都止于此矣茲録
有不備乎又皆本天時括地勢推人

情物理以盡其變雖九州異宜請若指掌蓋說治莫辯乎録矣故曰録也為世道計也即古人奚讓焉是故通達類賈傳知幾守正類陸敬輿雖辨别利病又巽言而有矜心即杜牧氏不遠也夫杜言誠中然激亢難按卒其說廢格矣洛陽奇才而不售或有不當帝心者乎未必絳灌諸言之易

也唯陸為王佐之論今陳公負儁望且習熟當世之故若此行將服大政以奉

明主則振聲一代者豈後陸宣哉吾且撰王褒之頌矣然非謾也吾嘗反復録中語唯陳公獨持存省正論又指評諸儒不爽至于論文雖獻吉諸人亦當首肯信匪通儒不能也余言豈

謾哉然陳公語又曰人臣當順養忠厚保合太和乃其指益要眇矣仁愛恢恢殆長者以善養人術不在多也余竊心慕焉或問録以詩終蓋温柔敦厚二南所以獨盛也今顧求治于性情乃益信陳公長者必有深念也後菴氏曰余晚得耻菴先生遺事而知陳録之所由来矣夫大河東下且

遍域中然偃九派者慕崑崙珠淵玉璞有自哉是故君子論世也

嘉靖四十四年乙丑秋七月朔日

賜進士出身吏科給事中山西朱繪序

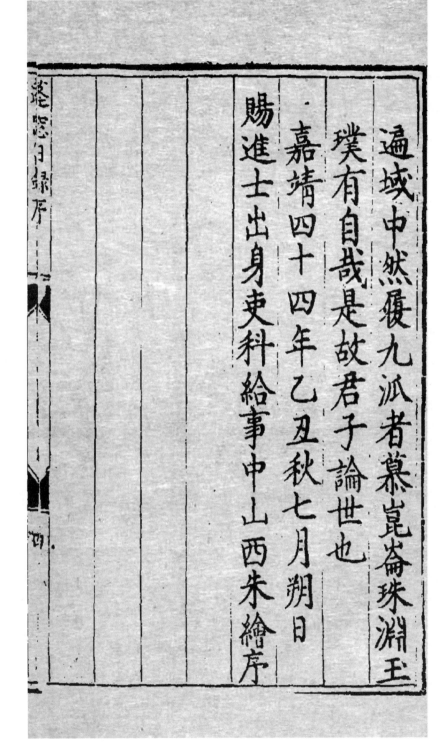

蓬窻日録卷之一

寰宇一

九州　山脉
水源　北畿
南隸淮南重鎮附　山東
山西　陜西
河南　浙江
江西　湖廣
四川　福建
廣東　廣西
雲南　貴州

諸夷

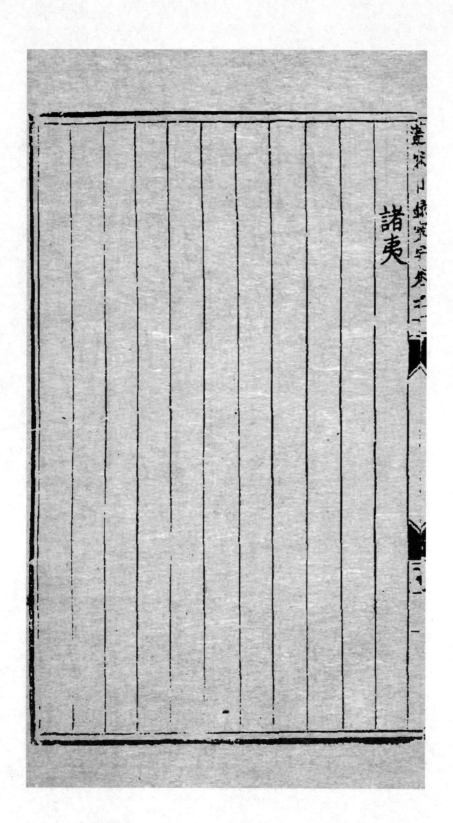

蓬窗日録卷之一

周禮職方氏掌天下之圖以掌天下之地辨其邦國都鄙四夷八蠻七閩九貉五戎六狄之人民與其財用九穀六畜之數要周知其利害乃辨九州之國使同貫利

東南曰揚州其山鎮曰會稽（在今浙江會稽縣）其澤藪曰具區其川三江其浸五湖其利金錫竹箭其民二男五女其畜宜鳥獸其穀宜稻

正南曰荆州其山鎮曰衡山（在今湖廣衡山縣）其澤藪曰雲夢其川江漢其浸潁湛其利丹銀齒革其民一男二女其畜宜鳥獸其穀宜稻

河南曰豫州其山鎮曰華山（在今陝西華陰縣）其澤藪曰圃田其川滎洛其浸波溠其利林漆絲枲其民二男三女其畜宜六擾其穀宜五種

正東曰青州其山鎮曰沂山（在今山東臨朐縣）其澤藪曰望清其川淮泗其浸沂沭其利蒲魚其民二男二女其畜宜雞狗其穀宜稻麥

河東曰兗州其山鎮曰岱山（即泰山在今泰安州）其澤藪曰大野其川河泲其浸盧維其利蒲魚其民二男三女其畜宜六擾其穀宜四種

正西曰雍州其山鎮曰嶽山（即吳嶽在今陝西隴州）其澤藪曰弦蒲其川涇汭其浸渭洛其利玉石其民三男二女其

畜宜牛羊其穀宜黍稷

東北曰幽州其山鎮曰醫無閭在今遼東廣寧衛其澤藪曰貕養其川河泲其浸菑時其利魚鹽其民一男三女其畜宜四擾其穀宜三種

河内曰冀州其山鎮曰霍山在今山西霍州其澤藪曰楊紆其川漳其浸汾潞其利松柏其民五男三女其畜宜牛羊其穀宜黍稷

正北曰并州其山鎮曰恒山在今大同府渾源州其澤藪曰昭餘祁其川虖池嘔夷其浸涞易其利布帛其民二男三女其畜宜五擾其穀宜五種言山鎮者是槩言九州之山鎮也不言徐州疑併入於青不言梁州

疑併入於雍豫也詩嵩高註以南嶽爲霍山職方以爲衡山葉氏曰漢元封五年巡南郡禮天柱山一統志衡山有天柱峯六安州有霍山一名衡山一名天柱即漢武帝所封號曰南嶽是以衡山神遠移於霍山也以爲一山兩名者失之王制有恒山衡山而不言太華嵩山以南北所至山而言舜典有四嶽而不言中嶽以巡守所至四方而言泰山爲東嶽華山爲西嶽恒山爲北嶽衡山爲南嶽嵩高爲中嶽蓋禹貢之方外也職方不言嵩高周在五嶽之外以雍之吳山爲嶽山皆有不同五代失河北之地至宋未能混一北爲契丹所有乃以眞定府曲陽縣之恒山爲北嶽

國初定鼎金陵祀典肇以泰山爲東嶽沂山爲東鎮衡山爲南嶽會稽山爲南鎮華山爲西嶽吳山爲西鎮眞定之恒山爲北嶽醫巫閭山爲北鎮嵩山爲中嶽霍州之霍山爲中鎮後遷都北平則眞定在其南故仍以山西大同渾源州之恒山爲北嶽其餘嶽鎮皆如舊云

堯别九州舜爲十二

秦前有藍田之鎮後有胡苑之塞左崤函右隴蜀西通流沙險阻之國也

蜀漢之土與秦同域南跨卭笮北阻褒斜西卽隈礙隔以劔閣窮險極峻獨守之國也

周在中樞西阻崤谷東望荆山南面少室北有大嶽三河之分雷風所起四險之國也

魏前㭊黄河背障水瞻王屋望梁山有藍田之寶浮地之淵

趙東臨九州面瞻恒嶽有沃瀑之流飛狐井陘之險至於顛陽涿鹿之野

燕却背沙漠進臨易水西至君都東至於遼長蛇帶塞險陸相乘也

齊南有長城巨防陽關之險北有河濟足以爲固越海而東通于九夷西界岱嶽配林之險坂固之國也

魯前有淮水後有岱嶽蒙羽之向洙泗之流大野廣土

曲阜尼丘

宋北有泗水南迄睢過有孟諸之澤碭山之塞也

楚後背方城前及衡嶽左則彭蠡右則九嶷有江漢之流實險阻之國也

南越之國與楚爲鄰五嶺以前至于南海負海之邦交趾之土謂之南裔吳左洞庭右彭蠡後濱長江南至豫章水界險阻之國也

東越通海處南北尾閭之間三江流入南海通東治嵩海深險絕之國也

衞南跨于河北得洪水南過漢上左通魯澤右指黎山

讚曰

地里廣大　四海八方　遐遠別域
略以難詳　候王設險　守國保疆
遠遮川塞　近備城堭　司察軒非
禁禦不良　勿恃危阨　恣其淫荒
無隱則敗　有德則昌　安室猶懼
乃可不亡　進用忠良　社稷永康
敎民以孝　舜化以彰

四瀆河出崐崘墟江出岷山濟出王屋淮出桐柏
八流亦出名山渭出鳥鼠漢出嶓冢洛出熊耳涇出少
室汝出燕泉泗出涪尾沔出月台沃出太山水有
五色有濁有淸汝南有黃水華山有黑水泞水淵

或生明珠而岸不枯山澤通氣以興雷雲氣觸石
膚寸而合不崇朝以雨、

五嶽視三公四瀆視諸侯賞封內名山者通靈助化位
相亞也故地動臣叛名山崩王道訖川竭神去國
隨以亡海投九仞之魚流水涸國之大誡也澤浮
舟川水溢臣盛君衰百川沸騰山冢崒崩高岸為
谷深谷為陵小人握命君子陵遲白黑不別大亂
之徵也

夷者觝也其類九畎夷千夷方夷黃夷白夷赤夷玄夷
風夷蠻者慢也其類八天竺咳首僬僥跛踵穿胸
儋耳狗軌旁春戎者兇也其類六僥夷戎決老白

耆羌鼻息天剛狄者辟也其類五曰氐貛貊匈奴
　單于白屋
地脉向中國來者三支北絡發崑崙東折而東南行其
背爲北狄其正結爲冀都其支結爲燕京其餘氣
爲東夷冀都自雲中上黨傳換來三面繞河外案
多疊大河東北徂入海重重包裹故堯舜禹都之
但四旁險阻貢輸非後世所便河且徙而南氣太
淺燕京氣非隴結下沙轉少又藩籬單薄時或山
東泉涸漕水何賴而河徙而南同之中絡發崑崙
東南至岷山由蜀隴轉北而東爲終南長安之地
也金城四塞以爲固古豪傑有取焉爲貢輸艱入後

世貫繫今能處之耶由關中出至太華中嵩伊闕既鑿是爲洛陽洛陽天地之中陰陽和南北平百物會周公營之地氣自北而南人事化機互相爲用古今固不齊也行乃盡於東泰翻身顧祖東海外盪河江前向萃產賢貴凝聚有因後世河徙截其來脉者三會通河復加截之其力遂微南絡發崑崙迤東南而行至大峨山其背爲西戎直南折而東爲五嶺其餘氣爲南巒復折而東北大盡於建康其支結爲吳閩越大峨而下至於五嶺環抱中原情無南面力雄勢坎吳閩越支凝謭力海水陽勝明有餘而氣不足以當之一大都會於今日其

金陵也乎長江天塹財用易輸持護不少世謂江左不得於宅中偏安不可以圖大是安於建康之說不能用建康於天下夫安於建康乃河大勢不拱東霸未立秦淮河不湧邗溝尚微故建康俗紐於自便知守江而不知用淮於江知圖淮而不知用天下於淮知據武昌之上游而不知上游之守鎮知集貨之易而不知散貨以用於四方知南兵之難振而不知練兵於北之可用故金陵不可以故常論當有知者曠百世相感不爾則中絡爲河截所在其汴淮江漢之間乎

太祖以金陵爲南京汴梁爲北京當動深長思矣

欲聯屬兩京以制天下宜於揚州臨清徐州置重臣鎮之其聯屬徐臨而執其中則濟寧爲之要轄其聯屬揚徐而執其中則淮安爲之要轄臨爲梁冀青兖之會揚爲江淮汴海之交徐爲梁冀青兖江淮汴海之限

禹本紀幷水經皆以崑崙爲地之中崑崙墟在西北去嵩高五萬里而亦以爲中者東南皆水水土在天運問要不可定論也我

朝輿地之廣縱二萬九百里橫一萬一千七百五十里其東西南北水陸驛站里分至到數具載寰宇通志其延袤大略則如此矣四夷之驛不與焉於戲

盛弐

山脉

臨川吳氏曰天下山脉起於崑崙山脉之所起即水源之所發也朱子曰河圖言崑崙地之中也又曰冀都山脉從雲中發來蓋太行山一千里河東河北太原晉陽諸州皆山左旋其趾山後即忻代諸州上黨即今潞州春秋爲赤狄潞氏其地極高與天爲黨故曰上黨過河便見山在半天如黑雲然故曰雲中自春以西之水則西流入於龍門西河以東之水則東流入於海前面一條黃河環繞平陽即河中府蒲坂山之盡處堯舜之所都也泰山聳於

左爲龍右畔是華山聳立爲虎自華至中嵩（中嶽獨高當天之中又曰泰室在河南登封縣）爲前案淮南諸山是第

重案江南諸山及五嶺（大庾始安臨賀桂陽揭陽）又爲第三

重案又曰前代多都關中以黃河左右旋繞近

止有函谷關一路可據爲險其山皆自蜀漢來

長安而盡又曰天下之山西北最高自關中一

生下函谷以至嵩少東盡泰山又自嶓冢漢水

北生下一支至揚州而盡又曰岷山之脉其一

爲衡山者已盡於九江之西其一支又南而東

桂嶺者則包湘（衡岳之間）源而北經袁（江西袁州）潭之境

盡於廬阜（匡廬在南康）其一支又南而東度庾嶺（即嶺）

江西大庾縣者則包彭蠡之源以北盡於建康（今南京）其一支則東包浙江之源而北其首以盡會稽南其尾以盡乎閩粵（廣東）也又曰仙霞嶺在信州（今廣信府）分水之右其脊脈發去爲臨安（今杭州山從天目山發來）又發去爲建康又曰江西山皆自五嶺顛上來自南而北故皆逆閩中郤是自北而南故皆順又曰閩中之山多自北來水皆東南流江浙之山多自南來水皆北流故江浙冬寒而夏熱愚謂古今言方輿者必本之山川蓋以山爲巨鎮水爲藪澤建邦樹都恒守之以爲固先儒謂山爲水之綱水爲山之紀而洪河大山亦天地間大界限也然論險者毋言

關中左殽函右隴蜀爲四塞之地東制諸侯如建瓴水而楚漢以後爭天下者常得斬關而入次言巴蜀劍門爲天下壯而晉鄧艾之兵從陰平趣涪卒亡後主易曰天險不可升也地險山川丘陵也孟子曰域民不以封疆之界固國不以山谿之險傳曰天子有道守在四夷至今讀其言尤信

水源

素問曰天不足西北地不滿東南蓋地西北高東南下江海百川所聚海水周於地之四維其流東極氣盡故歸墟尾閭如沃焦釜北海路最遥至極盡處疑與天浮接也東夷女直爲黑水靺鞨之後國有

長白山其巔有潭周八十里南流至遼東朝鮮國爲鴨緑江南入於海北流爲女直混同江經金會寧府達五國頭城北東入海西夷黒水出漢張掖郡雞山今甘州南至燉煌今肅州過三危界梁雍二州之間程子以爲卽西珥河與漢志葉榆澤相貫漢武開滇嶲今雲南爲滇池其地古有黒水舊祠而知之但今水渟瀦不入南海也中原之水惟黄河來最遠攷禹貢註及諸儒説黄河一自于闐國葱嶺一自西吐蕃之崑崙山發源合流二萬一千三百餘里東北與積石河合屬漢金城郡西南羌中而至龍門河渠志一統志皆云出今西番朶甘衛西

直四川馬湖蠻部正西三千餘里去雲南麗江西北一千五百里有水從地湧出泓方七八十里高瞰之若星列俗傳爲星宿海尋匯爲二大澤復潴曰哈剌海東出曰赤賓河合忽蘭也里朮二河東北流經崑崙山之南爲九度河水淸騎可涉貫山中行西戎都會爲細黃河水流已濁繞崑崙山之南折而東流合乞里馬出河復繞崑崙之北自貴德西寧之境至積石經河州屬陝西合洮河東北流至蘭州始入中國又東北出沙漠經三受降城東勝諸州又折而東南入冀州今山西境凡九千餘里乃元學士蒲察篤實所窮歷而得之大學衍義補亦

據此當以志爲定禹治水時河從積石東北而南
計三千里至龍門爲西河冀州呂梁山石勢崇竦
其流激震禹從呂梁北鑿龍門以殺水勢廼因其
西流之性而導之又南而至華陰(在陝之華陰縣)自南而
東至底柱(在河南陝州之三門山)又東經孟津(在河南府孟津縣)過洛
汭(在鞏縣)至于大伾(在大名府濬縣臨河之山)北過洚水(真定冀州北枯降渠)
至于大陸(屬中山郡今真定邢趙深三州之地)北分其勢播之爲九
河復同聚一處爲逆河蓋迎之以入海(下)簡潔一水
先儒誤分而二其一則河之經流也徒駭等河故
道皆在河間滄州南皮東光慶雲獻縣山東平原
海豐由寧津吳橋南皮諸處直達東海周定王五

年河徙砱礫，始失故道。漢文帝時決酸棗，東潰金隄（在河南延津、滎陽諸縣至大名清豐一帶，延亘千里）。武帝時溢平原（屬德州），徙頓丘（今清豐縣），又決濮陽瓠子口（開州界），注鉅野（屬濟寧州，即大野），通淮泗（河始與淮通，尚未入淮）。元帝時決館陶（舊屬大名，今屬臨清），又決清河靈鳴犢口（今高唐州，舊屬清河郡）。成帝時決東郡金隄，決平原，溢渤河、清河（高唐州一帶）、信都（今冀州界）。唐玄宗時決博州（今東昌），溢魏州（今大名）、冀州。五代時決鄆州（今鄆城縣）、博之楊劉（今東平之東阿縣楊劉鎮）、滑之魚池。宋太祖時決東平之竹村、開封之陽武、大名之靈河、澶淵。太宗時決溫縣、滎澤、頓丘，泛於澶、濮、曹、濟諸州，東南流至彭城界（即今徐州），入于淮（自此河入淮之始）。眞宗時決

鄆及武定州尋溢滑澶濮曹鄆諸州邑浮於徐濟
而東入淮仁宗時決開州館陶神宗時決冀州棗
強大名州邑一合南清河以入淮一合北清河以
入海南渡後河上流諸郡爲金所據金獨受河患
其七也始自開封北衛州決而入渦河南直隸壽亳蒙城懷遠之間
元時決衛輝之新鄉開封之陽武杞縣之蒲
口滎澤之塔海莊歸德封丘諸界其臣建議疏塞
若金會通河乃世祖所開以通漕運隨時救敝而
已當時九河逆河故道又已淪入于海滄州接平
州程下以爲正南山有名碣石者在海中去岸五
百里今平原有馬頰河形存沙渠其跡尚可攷大

任之北不行矣我
朝洪武中決陽武之黑陽山東經開封南至項城潁州潁上東至壽州正陽鎮金入于淮故道從淤永樂中疏濬稍引支流自金龍口入臨清會運河正統間又決滎陽天順間決祥符弘治間分流為二一自祥符經歸德至徐邳入淮一自荊隆黃陵岡繆曹濮達張秋鎮入海尋命重臣治築黃陵岡等口以塞張秋乃疏為二流一繇蒙澤孫家渡至朱仙鎮經扶溝通許壽潁諸州邑合渦河至下鳳陽亳州達淮一疏賈魯舊河由曹州出徐沛以通運河合淮俱入于海正德間決曹縣者再嘉靖間河歲

爲兗患屢遣重臣治未底績河流漫入於曹縣塩溢於魚臺出沛縣之飛雲橋南下徐邳十三年復塞由新開趙皮寨口盛流合渦河入淮故道今始復矣雍州之水自西近塞内玉門關至蘭州北東至華陰皆黃河繞帶又有弱渭涇汭漆沮灃諸水弱水出吐谷渾界窮石山自張掖郡删丹縣西至合黎山與張掖河合餘波入于流沙涇出平凉府岍頭山經西安府邠州涇陽至馮翊陽陵縣今高陵縣入渭渭出渭源縣鳥鼠山西北谷流入咸陽南至華陰入河汭出隴州弦蒲藪入涇漆出扶風古漆縣北經同官至耀州南合沮沮自坊州昇平縣北

子午嶺延安府宜君縣出富平縣合漆灃出扶風郿縣終南山亦東至咸陽俱合會同入於河冀州之水黄河自陝西西北來經古蒲汾平之間又有汾衛漳恒衛沁諸水蔡傳以汾出山西太原静樂縣太岳即霍山至平陽府靈石縣東入河漳水二一出上黨之沾縣大黽谷太原府樂平縣名爲清漳一出上黨之長子縣發鳩山屬潞州今改潞安府名爲濁漳即衛水俱東北流至河間阜城東光縣入海恒水出眞定之曲陽縣東入滱水至保定之高陽縣入易水鼂氏以西南流至眞定行唐縣東流入滋水南流入衛水衛出眞定靈壽縣東入滹沱河恒水在陝西者出吐谷渾界入臨洮因

名洮水入于黃河在眞定者出衛輝府輝縣滹水出渾源州恒山南流入眞定之定州至保定高陽合易水易出代州經保定之易州安州至高陽下與曹徐滋沙諸河合至雄縣南爲瓦濟河過直沽入海滋則出大同府之靈丘縣廻山經眞保之行唐無極深澤諸縣東南流滹沱河出鴈門代州東流從眞定至東鹿深州青縣合輝縣之衛河俱入海幽幷州之水曰玉河出玉泉山經

大內出都城注大通河至白河與盧溝河合盧溝河出大同府桑乾山經太行山入今順天宛平縣界出盧溝橋東南至看丹口分兩流一至通州入白河

一經固安武清縣至直沽與衛河合分南北入海
白河出密雲流入通州與盧溝河潞河合潞河自
塞外丹花嶺分流合螺山鮑丘諸水爲東西二河
俱合流入海沁水發太行山東北經輝縣合衛河
入運又東南流下徐呂二洪合黃河入淮豫州之
水黃河自山西蒲州平陸入境經河南之閿鄉靈
寶陝澠池新安濟源孟津孟鞏溫汜水武涉河陰
原武滎澤陽武中牟祥符尉氏陳留通許杞太康
睢寧歸德諸州縣至南直隸鳳陽亳縣合馬腸河
城西北合渦河其支流有四大槩交錯於祥符尉
氏扶溝商水項城通許太康與南直隸壽州朱仙

鎮之間或溢兗州出沛或合渦河入淮又有伊洛瀍澗滎波孟豬濟衛淮諸水伊出盧氏縣東南（書傳以出熊耳此山在盧氏之西南恐誤）入於洛洛出陝西冢領山亦經洛陽縣瀍出洛陽穀城山澗出澠池白石山經新安縣皆會於洛合流至鞏縣入河濟即沇（水）懷慶府濟源縣王屋山二源分東西流歷虢公臺至溫縣入河復出其南溢而爲滎（即滎澤）東出于陶丘之北（在館陶縣）又東至于菏（在今曹州地已涸）東北會于汶（即今汶上縣）又北東入于海波爲洛水別流孟豬在虞城西北濟之別流衛出河南衛輝府輝縣從大名之內黃濬縣出與滹沱淇漳諸水合臨清之會通河

北流至直沽淮出唐縣東南經桐栢山潛流三十里復東出經汝信東流會沂泗俱入海兖州之水其地最下今曹魚爲黄河下流又有濟漯欒雷夏雝沮汶泗淄濰濟出河南濟源漯出濟南之長山縣長白山西北流經章丘新城諸界欒出歷城縣入濟雷夏澤在濮州雷澤縣雝沮二水之别流自陳留浚儀陰溝至蒙爲雝東入于泗泗出兖之泗水縣陪尾山經曲阜至濟寧分流南入徐州北入會通河又出鉅野受泲水下流于睢即沮水汶有三源至泰安州靜封鎮合而爲一經寧陽平陰汶上又西至東平州注于濟經東阿濟寧入會通河

淄水出今青州萊蕪縣原山逵臨淄東至壽光濰
水出瑯邪郡（今諸城縣）經高密昌邑濰縣東北俱入海
荊州之水其澤藪曰雲夢跨江南北八百里又有
江漢川九江沱潛江水發源於梁州（四川）之岷山青
城諸山之陽出今茂州汶川縣東別爲沱經敘瀘
重夔入瞿峽過巫山出湖廣夷陵州荊州至于東
陵（岳州府巴陵縣）合洞庭過漢陽府合漢水至黃州江西
九江府合彭蠡（鄱陽湖口）經安慶池州太平應天諸府
儀真通州入海漢出陝西漢中嶓冢山之下始爲
氏道縣東源漾水東至武都爲漢過武東（今武當縣）中
州爲滄浪之水過三澨（即郢州今承天府）至于大別山（今漢

陽入江經黃州九江合鄱湖諸水同趨入海九江孔氏以為潯陽非是沅辰漸元敘酉澧資湘九水是為九江皆合于洞庭過巴陵合川水入武昌合漢水東南下入揚子江衡北岸甚急與江水俱入于海揚州之水北至于淮東南至于海東合江西江東諸水經豫章之南贛汀吉合衡永長沙別派入袁州出臨江會贛水入洪都合瑞洪所聚饒撫信浙之諸水于鄱陽今江西九江府蓋名其入口處與前江漢諸水同趨建康今南京蓋諸方水道所湊東南合蘇松常三郡水匯而為震澤在吳縣南五十里又吐納常之宜興江陰鎮之金壇百瀆西來衆水而

下溢爲三江吴江界於吴松江震澤之間去吴松江七十里分東北流者爲婁江東南流者爲東江皆自常之靖江蘇之太倉東北入海北爲江北通泰至海門縣而入海所謂江漢朝宗者也禹時江淮未通賦沿于海至吴夫差與晉會盟黄池始開蘇之邗溝今爲運河自常之孟瀆鎮之京口以通于江江自揚之儀真亦開溝以通於淮隋因廣之今貢賦皆自江淮以達于

京師也二廣古百粤漢交州部廣西之水一曰灕江源出海陽山南流五里與永州湘水北分爲二故曰灕又名桂江合癸水至桂林城下合相思江入昭

潭今平樂府會平富樂荔臨賀諸水至梧州爲府
江一曰左江又名藤江發源交趾至古邕州今思
明府經容縣合容江經藤縣合繡江經南寧之合江
鎮與右江合入横州又名鬱江一名右江又曰黔
江源出雲南廣南府之富州西洋江入廣西田州
經象州今柳州合柳江至南寧府之合江鎮與左
江合二江合入潯州大藤峽出爲潯江貴州古羅
施鬼國其水曰盤江源出四川烏撒府普暢塞東
經古夜郎地又爲黔中隸牂牁郡今普安州東北
下流入安南衛經廣西泗城州入慶遠府烏泥江
下合柳江即爲右江以上三江分合爲二入梧州

大江即漢武使馳義侯發夜郎兵下牂牁江是也西流經廣東封川德慶合肇慶之端溪江又名西江至番禺流入于南海廣東省之東南皆大海其水一出惠州博羅縣西流者爲東江一出江西大庾嶺即梅嶺者爲湞水漢武時楊僕爲樓船將軍繫南越出豫章下湞水即此至韶之英德爲湞陽峽一出湖廣郴州經武岡南入南雄之樂昌爲武水又南與湞水合而爲曲江過三水縣與西江合即上漢謂牂牁江也皆合至於南海縣入于海雲南古西南夷僰鳩地其水曰滇池周五百餘里出澂江嵩明盤龍等江九十九泉源廣末狹若倒流

者故云滇漢武欲伐滇國於長安穿昆明池象滇以習水戰故亦以爲昆明誤也大理之葉榆河即西洱海及瀾滄諸江其流不出本省惟廣南西洋江則由廣西經右江入于海其四海之水北海極遠不可窮東北至於朝鮮東至於登萊東南至於閩浙島夷日本琉球南至交廣瓊厓又南至於安南占城眞臘等夷國而西南至於交阯云

北直隸　北直隸古冀州地

京師即金元舊都也負山帶海有金湯之固眞定以北至於永平關口不下百十而居庸紫荊山海喜峰古北黃花鎮險阨尤著故薊州保定重兵屯焉山

後諸州故我大寧都司地也自
國家棄以與虜則居庸之外所恃以爲藩籬者宣府
耳廣平以南四方水陸畢會于臨淸轉漕
京師輻輳而進若天津又海運通衢也河間眞定保定之間
多達兵營塢其人姓獷難馴且東安霸州武淸而
東野曠人稀姦宄伏匿頗基腹心之患迤山一帶
則樵採耕牧之利居多姦人每竄其中有司病之
盖賦繁民困户口流亡雖畿甸同風而順天之馬
政河間之水潦患尤烈焉
國初安插降達於雲南廣福等處者迄今可以調用
但以眞保定居之似太過矣

河南山東中都大寧四都司官軍輪聚
京師操練所以厚畿輔運國威也近歸權門弊以免班
散哉
密雲直北白崖谷馮家谷外有兀良罕一部原係小王
子北部因隙叛去至今相攻
潮河川寔為虜衝沙淤水淺及孤營難守九邊墻水口俱
然可容無處乎
北畿防禦之勢山西行都司當其衝萬全都司護其背
大寧都司藏其備薊州守備斷其徑萬全都司一
衞一所嵌山西行都司之境瞭遠之道也大寧都
司五衞一所嵌薊州守備之境夾持之法也

北京青龍水爲白河出密雲南流至通州城白虎水爲大内出都城注通惠河與白河合朱雀水爲盧溝河出

玉河出玉泉山經

大同桑乾山經太行入宛平界出盧溝橋至通州與白河合其玄武水爲濕餘高梁黄花鎮川榆河

俱繞

京師之北而東與白河合

都城東北古北口喜峰口潮河川相密邇直北黄花鎮

白羊口去天壽陵尤咫尺賴薊州重屯山後小醜漫突而宣府鎮且繞山出其外可爲應

草橋關去保定府四十里屬高陽縣三义口社昔周世

宗顯德六年收復三關首擇重兵控扼燕薊以雄州為瓦橋關霸州為益津關高陽為草橋關皆置重兵勢相依倚一處有警三關策應三關之固契丹不敢輕犯此五代之三關也今時則不然爾永寧城四海冶龍門所一帶最单薄以朵顏為藩蘺而黃花鎮且無厚戍鎖鑰北門能免杞人祛篋之虞耶

居庸關經峽中三十里一夫可守旁但拆墻以進由關不能也

北京奉天殿兩壁斗拱間繪真武神像武當山致崇禮之極山繞數百里隸觀中

成祖起兵真武空中協助時
燕邸在北一念真靈皆山川密感故空中神
成祖之神也
京師堂扁北向蓋避尊也
紫荊山百鳥俱産獨無翡翠山或他所移置山中輒飛去
在京各衙門俸米出蘇常二大州總約十萬餘石其白米
乃儘派蘇州
通州新城錦衣千户一員坐季于歲易四人門户之防也
南直隸
南直隸古揚州地南京即六朝舊都也
祖宗創業實基於此然江限南北古今恃爲天險江北
則徐潁二州地跨中原瓜連數省並稱雄鎮故淮

安特建兵府守以文武重職雖職司轉運亦示控扼之勢焉江南則安慶當長江委流西控全楚爲江表門户沿海兵戍本以備倭而崇明常熟之民間作弗靖與江洋一帶出没波濤肆行剽劫者不可勝計故今江防海備其重一也若廬州則民習遊惰地不盡利鳳陽習俗本同加以高墻晋守之冗費故皆易以告饑蘇松則田賦不均供億日困豐沛之間濁河泛濫幾淪魚鱉轉餉既艱民亦凋瘵蓋水患莫甚于斯者也徽州多山少田民逐末利風俗用偷池州在山麓江滸軍民統理不一寇盗因以竄匿鎮江則當京口之衝鑿山圍水海潮出

没土田歲易處民勞甚矣

高皇帝於南都增都城於東南而建

宮闕面方山也（取四方河山意）立太學於西北而營堂齋以雞

鳴也（取振興勤苦意）陵寢在東因鍾阜也倉庾在西邇長

江也演武於内外教場無處而非警惕也祀功於

上下山巖無時而忘勳勞也後臣當何如以保此

志邪

留都十衞陳列江北浦子口五衞和陽龍虎應天

横海武德直當龍江下關處東西之中江淮衞設

江浦縣瀋陽右衞設和州以防上游英武衞設紅

心驛飛雄衞設池河驛廣武衞設朱龍橋鳳陽衞

州之中以防北衝儀眞之[illegible]鎮江之北有揚州重
鎮不爲慮也
淮以北土無定畝以一望爲頃欺隱田糧律條未之能
行也江以南户無實丁以系産爲户脱漏户丁律
條未之能守也
蘇松常鎮杭嘉湖東南財賦七府經界正而賦均惟湖
爲最圩無定畝賦逐户開常之弊久矣官田糧重
蘇爲害不可勝言鎮殊鮮於六府洵不逮焉
蘇松常杭嘉湖多官田重額者自賈似道六郡公田令
民佃租相沿不改之故蘇州官田糧特重
本朝抄没沈萬三之遺也

應天太平寧國鎮江廣德五府州以興王之地全蠲賦
不征近節議畝派勸米四升是時勢之宜也加勸
之策與年爲更蓋有所必至者

淮以北麥食養人麥金屬金旺而生火旺而死故北方
麥得氣之全自淮以南冬種春獲失其所爲性

洞多而勝惟常州府宜興縣長沙府安化縣

松江南臨海與寧波紹興正對清夜鷄犬之聲相聞

太湖介蘇常湖三府之中北納荊溪百瀆南納雪溪七
十二漊荊溪百瀆止受金溧常廣諸水東垻既立
宜徽應太之水皆出江雪溪七十二漊港口日淤
苕川勢奔嘉興而湖州上塘涇河直瀉吳江太湖

所入較古已減然水不能速退其何故歟三江既入震澤底定自吳江長橋出合龐山湖以南入海爲松江自大姚分之過澱山湖以東入海爲東江自吳江縣鮎魚口北入蘇州運河經郡城之婁門東北入海爲婁江又有胥口白洋灣鮎魚口三支流惟吳江長橋築而茭生沙壅松江之勢緩惟大石趙屯等浦淤而澱山水阻東江之勢緩惟七浦鹽鐵等塘滯而陽城水阻婁江之勢緩近來三支流盛瀏白茅港北入於大江以達海而白茅港亦易淤淺

松江府東南遠環海近環黃浦西界三泖北阻吳淞江

水法亦疑矣

南畿徼地四設兵憲以備警於西九江府爲江西憲員
於西北穎州爲河南憲員於東北徐州爲山東憲
員於東南太倉爲浙江憲員四憲設援應有恃

揚州之田明溝洫築堤塍如湖州可歲取無量淮之鹽
城亦然今頃畝一望而上湖水盈漫而下汪洋連
海妄意上湖之水亦不難治所欲以時其蓄瀉是
在瓜洲一帶置閘多許立表節以啓閉之何患其
勢必漫隄也

江淮中河道惟寶應諸湖無夾塘即湖隄東畔田爲之
如高郵康濟河力甚易也

南都三十六倉悉驛挽自交約其值率銀半分致米一
石倉九數區水遠若瀦諸河其强半可省脚直三
分之二

淮北多獸江南多禽湖廣多魚雲南多花廣西多樹川
蜀多藥

揚子江蘆課銀幾九千兩應天居三之二太平和州次
之鎮江又次之此
國初例也近漲沙所益統歸勢門清勘增稅爲宜

宣城梨國初歲貢五千餘斤後都北不輟貢例每靡巨
費河間遷安梨味不減宣城近以言者已之然他
如宣城梨尚多也

江淮濟川二衛軍專給舟卒之用

全廬之水匯於巢湖湖之港汊三百有六十其注之江則由無爲州黃落裕溪諸河是無爲爲全廬之牖户也

太平府前瀦石臼固城丹陽巨浸後環大江天生橋既開左右水亦稱前瀦之受宣徽廣德悉聚焉且釆石爲江道一東便於登涉而金陵貼輔固要郡也

徽州雖阻山成塞然亦南北衝道自池州石硋越武寧嶺至黟縣自寧國縣越叢山關至歙縣自太平縣越箬嶺至歙縣自昌化縣越昱嶺至歙縣自祁門休寧婺源可達江西又自婺源可達福建自歙縣

可達金衢
震澤注海三江松江一流已久爲淤上海之南蹌浦口
即吳淞江嘉定之劉家港即婁江常熟之白茅港
乃震澤餘流向北注之揚子江者夫水勢順下最
下爲南次東次北乃今松江在南宜爲震澤正出
之川反先被湮其盛流則歸白茅港水勢漸萃於
北是長橋之所爲害其明驗也故近陽城昆承流
壅復浚吳淞江南北兩岸安定諸浦間道北注劉
家白茅二港又大黃浦流壅傍浚范家浜間道注
蹌口皆引水北流以順其勢而蘇松之占阻水利
日盛千百年後又不知抵於誰止也

江南東海之防守在崇明吳淞江口而要在蘇州故崇明吳淞江設所而蘇州重鎮設三衛江北淮南海防守在泰州通州興化鹽城而要在揚州高郵淮安故泰州通州興化鹽城各設所而惟揚州高郵淮安設衛淮安當大瀆通海尤其要處故為重鎮設二衛淮北海防患在東海守在海州而要在邳州故東海海州設所而邳州設衛

南京各衛所百戶印

成祖都北行取去三分之一迄今有官無印

揚子江盜類富民為之其力可以坑陷邏者故每驅而不擒邏者自全之勢然也

太湖洞庭山無虎無蛇無雉

徐州不打春以其城似卧牛或云徐河善溢嘗鑄鐵牛
鎮之故不敢傷牛

淮南重鎮

淮安南北要樞元淮南行樞密院同簽董摶霄嘗建議
以爲南北要衝其地一失兩淮皆未易保守援淮
安誠爲急務莫若於黄河上下瀕淮南之及自沭
陽以抵沂莒諸州縣布連珠營每三十里設一總
砦又於界中設一小砦使烽火相望而巡邏往來
遇賊則併力疾戰無事則屯種而食然後進有援
退有守常爲不可勝以待敵之可勝又言淮之南

北民壯者已進爲兵老幼無依者宜置軍民防禦司籍其民以屯故地練兵積谷且戰且守内全山東完固之邦外捍淮海出没之寇而後皇圖可固也時不能用其言故淮安陷今按淮安東南遭運萃焉是乃秦隋成皐洛口也國計攸係治亂决之保護預圖當揗民撫兵以爲重鎮則南北有賴而有備無患矣董摶宵之言夫豈無取哉

劉季裴曰自古守淮莫難于謝玄又莫難于楊行密謝玄以八千人當苻堅九十萬之衆清口之役楊行密以三萬人當朱全忠八州之師衆寡殊絶而卒以勝者扼淮以拒敵而不延敵以入淮也

山東

山東古青州地外引江淮内包遼海西面以臨中原（而川）陸則悉會于德州自海道既廢遂以其西境爲饋運通衢南盡邳徐北泝天津歲有河患築塞挑濬之勞舟車牽挽之役所在不免而兖州水潦爲害則民之疾苦莫甚焉矧京儲邊餉之外王祿是供六郡徵輸於斯爲疲而青濟之間號多鑛賊禁戢尤難公私並交病之若遼陽自爲區域地本膏腴舊皆郡縣民用安土設衛以來生齒稍稀惟遷徙謫戍之人多歸焉雖漸規恢復可也登

萊本海運故道然勢險難圖稽之往蹟則平度州東南有南北新河蓋嘗治閘以達安東則避開洋之險宜亦有可講者

山東踣夫役歲約用銀七十餘萬兩

西三府百八十泉流爲汶泗洸沂四水泗洸沂注濟寧天井閘汶水注南旺又堽城壩分汶水入洸河

泉獨多者大都爲其地高擁下流而河南土疎水勢所控遂成伏流至山東乃出如省中大明湖乃趵突泉所成源出王屋山伏流至河南濟源縣湧出過黃河溢爲滎西北至黃山渦馬崖又伏流五十里出爲趵突泉有以糠驗之信然又如彰德府安陽

儒教洺水諸河皆伏流而出可見

青登萊三府隙地甚多皆可耕之所人事不脩溝澮不立一雨成漫而旱則赤地千里雖古河額俱堙置沃壤無所用誠可惜也元虞集之議至今可行

青州府礦徒特猛能以一當百天下礦氣特盛於青兗之間上礦九煎其最上全化爲銀五煎三煎乃其次下環產郡山中悪少盤據人莫能敵其無志於四方山淺路窮左海右曠無險可憑耳驅調則可爲用

青州城中實外陷惟女墻出上而城若平地蓋因地勢之舊非使之然也不患於攻

海豐盛畜牛偏斃於遠

山東河南糧草徵與解不同各項俱招商收解逐年總部布政司一員于戶部會議舉行

山西

山西古冀州地背臨朔易表裏河山蓋有俯扼中州之勢焉忻代以北虜數內侵故大同特設征鎮與延綏宣府互為聲援鴈門偏頭寧武並置關戍雖烽火之警不殊而套賊為急且保德河曲之間與虜僅隔一河稍或撤備則門庭皆勍敵矣若蔚州之鎮徒臨晉之屯卒潞城之逋民並以山谷阻深乘時抄暴要亦不足屯結也然邊餉既廣

宗室彌藩一切供輸自歲賦之外皆仰給河東之造誅三晉之民勞瘁甚矣而邊卒方且叫呶待哺帥臣號令爲之不行此則積習流弊非漸圖之不可也

山西太原之北聯置鴈門偏頭寧武三關若醜虜内犯使左右交攻腹背受敵又因河曲保德之間與套虜僅隔一河恐突入門庭堂室受害於太原平陽潞安三府汾代岢嵐應蔚五州各置衛沁澤蒲保德平定諸州靜樂山陰馬邑諸縣各置守禦千户所兵馬糧餉咸有所司又令三司並置太原諸道各置一路民兵復有所統規模可謂宏遠矣當其

時選用得人法令明勑無有匪才竊柄搆禍於其間故中國之勢常如天日之尊而外夷罔不帖服也

黄河自古東勝州來歷大同界朔州之西入太原界河曲縣保德岢嵐州興臨寧鄉縣入平陽界石樓永和大寧縣吉州河津榮河縣至蒲州東折而流自興臨以南對西爲延安自保德河曲以北與套虜僅隔一河寧鄉石樓而下則已舒警矣

岢嵐州虜號乾城弘治十三年叅政王藻以該州山高土厚所資者惟嵐漪一河耳躬尋地脉鑿三井一在玄帝廟西一在觀音堂後又導東門外河入城

以益之又疏南門之隍潛通東河又于城西隅掘一池濬東入之渠渟滀其中歲久毀塌嘉靖二十九年兵備吳嶽命匠穿葺又鑿三井二在城隍廟東西一在按察司東并舊井共四眼每深二百二十尺皆以木板自底甃至上取其不壞也繼今而後者能淘浚之可以備不虞而無患矣

鴈門封山表郡從來舊矣十八隘自宋有之蓋宋失山後以此爲防今非昔比也而其慮殆有甚者不可慨哉又廣武當朔州馬邑大川之衝通忻代崞峙郡縣之路虜從大同左右衛而入勢當首犯東越廣武則北樓平刑皆爲虜衝西越白草溝則夾柳

樹鵰窠梁莫非要害鴈門警備于是爲急矣

寧武處三關之中當華夷之要衝爲東西之援應寔陽方溫嶺神池義井之門户外接八角堡内維岢嵐以一守備一千户居之自偏頭徂鴈門似落寞耳故設總兵府兵備道盖左右策應居中調度良有意也

寧武據兩關之中地勢平衍虜易馳驅陽房口當雲朔馬邑之衝至爲要害雖距本關爲近而緩急常不得力近日築邊之議首及王野梁至老營堡盖先慮也

偏頭西逼黃河與套虜僅隔一水盖自渾脫飛渡以來

邊警不止然山澗崎㟴難于大舉老營東接平虜至大同邊不遠從東西聯絡築邊圖塞且屯且守則下角墩而南陽房口而東卑爲用是紛紛也舍門戶而理堂室誠有不得已焉耳

論曰西北爲天門東南爲地戶兩鎮三關之地從古重之然其爲形勢也千載所同而其爲便宜也則代代殊異何者燕昭破胡欲以陵趙武靈置郡志在謀秦盖自東圖西也逮季子主從張相破約則以韓魏爲趙蔽趙代爲燕蔽有自西臨東之慼焉世宗北伐瓦橋爲崩重進濟師山後嚮應盖自南圖北也逮良嗣失詞童貫否律則雲中下甲太原不支

燕山叛降河北割鎮有自北臨南之慼焉又漢唐宅關中也雲中五原地大沙磧造陽跔促遂乃棄之其境盖西遙而東隘金元之宅燕薊也盧龍遼水建號都邑灤曲龍岡大起宮闕其境盖西隘而東遙我

朝御極勢亦屢更是故探根本之慮宜急東偏懲瘡痍之傷應先西徼今偏頭重鎮聯宣大以折衝寧鴈重門協居庸而固守則雖專力于東方未爲過也

三關邊城千里甲視郡縣蓋已盡地之利矣帶甲之士有原伍有常備有番上有召募有改撥有脩守民

兵蓋已盡人之力矣晁錯論中國之長技五皆不過劍弩戈戟之間今之火器可殺人破陣於數百步之外固漢所未有也蓋又盡人之能矣然而不可恃曰將不知兵兵不習戰而人心不知奮也故主兵不足恃益以客兵正兵不足恃益以民兵農夫百人不能養一戰士轉輸之靡費無極請發日相望於道是弊國也平民出力以供軍有警不免於自役戶口之蠹耗日滋而軍費之供需日廣及其聚也則不知所以爲用是瘠民也萬人冗食足以弊國瘠民而一人所得曾不足以贍其肌膚國受養軍之害下無豢養之恩雖欲按軍法而行辟

未可也無寧簡衆而使之精厚綏而使之奮選將
而任之久重法而使之懲乎有一壯勇足敵老弱
十人即有千軍可當一萬　以二千軍之食食千軍
猶愈於萬人坐食曾不及千夫之力也周世宗新
立之初當敵勢方張之日就陣斬樊愛能何徽大
簡諸軍驕將惰卒一時改觀遂成混一彼能行於
五季之末而況今日獨可處之無道哉然其本在
於惠下其要在於選將故惠先而後威震威震而
後法行威惠並流而後將材可致兵力可精兵精
而後財用可節國勢可强民力可紓否則以將予
敵以卒予敵雖險亦易雖衆亦寡不知其可也

套賊渡河而東焦家坪娘娘灘洋圈子等處爲衝其要

在偏頭關

陝西

陝西古雍州地山河四塞形勝甲于天下然平凉固原一帶畜牧蕃滋外乏屏蔽胡騎漸已侵入鞏鳳之墟若延慶則原野蕭條兵亦精勁寧夏則跨有賀蘭山黄河之險虜難馳驟故爲備差易盖 本朝開拓以來受降故城久棄不守自移鎮榆林河套盡爲虜有烽火遂達於內郡矣甘凉以西左番右達而肅州九孤故土魯番輙肆侵犯以爲河西憂洮岷西寧則地入西羌實與四川同患若且亦不

剌以殘孽竄居西海番人漸以南徙

國家既失茶馬之利而邊寇生齒日繁則西境腹心之禍也若漢中之襟喉巴蜀潼關之保障全陝並稱重地而險者在我矣然所在罄力以供邊奉

宗室而平涼尤甚閭閻愁苦又何加焉

榆林蔽延安花馬池蔽慶陽固原蔽平涼西寧蔽河洮莊浪蔽臨洮岷文蔽鞏昌靖虜蔽會寧沙州蔽甘肅

靈韋寧夏之援葭綏榆林之援蘭州河洮之援古浪涼州之援環縣以援固原鎮番以援寧夏山丹以援肅州碾伯以援西寧此全雍邊防之大略也

漢中府洋縣有九兩雞生山谷間十數為群九重九兩

漢中水俱南流連雲棧北口曰斜南口曰褒同為一谷
如洋縣灙駱谷亦然兩山高峻水從谷道流出上
設棧閣橋通行黑龍江即褒水
漢中路褒斜谷為經子午駱灙諸谷次之諸閣為緯仙
人略陽七方等關達大散武林雞頭饒風駱谷等
關達西安鳳翔
自涪陵由達州取西鄉路入子午谷至長安統二口楊
貴妃生荔枝馳道也
漢中府洋縣俗有解繳會孟春四日遊江上藤葛纏繳
草木者解之云祛殃此尚鬼之甚也
陝中諸府水俱至朝邑縣入黃河渭水為經而諸水附

達之臨洮府灘湟北流至河州入黃河惟漢中府諸山谷水入漢江漢源嶓冢山山在沔縣縣在府西徼東流悉歷諸縣直出金州故悉受諸水惟略陽縣在沔縣西北乃與漢江不預焉其鳳沔北背之水既不能越鳳翔鞏昌諸山入河又不能南入漢遂自大散關爲源控而西流經略陽入鞏昌兩當復折而南入保寧界廣元昭化劍州至保寧府城是爲嘉陵江

西安商州與襄陽上津縣止隔金州鶻嶺

鞏昌會寧縣百餘里溝澗鹹斥民窖雨雪爲飲

饒沃盛水草可耕可牧故名陸海又云塞北江南又云

百二山河盡南北兩山脉會至此能氣極盛故冬不甚寒其堰埧渠陂排洩相濟有歌曰舉鍤爲雲決渠成雨涇水一石其泥數斗且溉且糞長我禾黍惜其舍西安每地多遺利耳

漢中諸縣關棧散出惟鳳沔褒城最要四川保寧諸縣谷路散出惟巴與廣元最要

惟西安鳳翔二府深藏三窟自西北汧隴一窟沿邊城二窟外各鎮三窟三代前以王畿來中則居鳳翔秦漢後欲就四方則居西安

固原西北二百里海納都城控鳴沙州路東北三百里葫蘆峽城控韋靈州路

蘄州城如盂形不能攻

地綱在秦州吳璘制以拒金因平爲險

同州沙苑宜羊臥沙飲若繭耳筋脇味美甚

華巖川一名樊川飲其水生癭長安縣南二十五里

襄東夔北入漢始界爲金州險阻平曠之交也

河南

河南古豫州地閫閾中夏四方輳進蓋彰德則控河北嵩洛以蔽山南南陽汝寧直走襄黃之郊而開封則其都會也由開封以泝衛河可以漕山東沿汴泗可以漕淮故言形勝者次關陝焉然分建宗親班祿無藝以今計之歲賦幾至百萬民亦勞矣

且歸睢陳州一帶地魚數省統轄非一姦人常藉以首難剿捕則潰逸四出禍延他境彰德道出趙魏之間軍民左右爲盜雖斂跡而牽制之患實與歸德同若考七郡之地山水環亙民物蕃實則汝寧爲優鑄山獵野依憑險固弧弓利弩出乎其間則河洛爲著然土地未闢教令未馴非課農宣化加意拊循則寇盜劫奪之禍歲不免矣

河南防河堤湖廣防江堤通泰海州海塩縣等防海堤一決而魚其人弗加之意可乎土勢殺人力訑訑今日云然

北方多蝎而無蜈蚣南方多蜈蚣而無蝎惟汝寧鳳陽

二物俱產此南北之交也
汴梁城内無螢火無蟬聲
汝寧產水稻如江南中都惟定遠霍山二縣有秫音及
諸縣穀價亦廉
彰德磁州滏源黑善陶境内有白土山其土可爲繪

四川

四川古梁州地劍閣表雲棧之固瞿塘鎮巴峽之流界以番簇阻以蠻部山水襟束自相藩籬故姦雄割據則盜兵不敢西窺地饒而險阨備也然姦宄内作懸亘東馬勢不相及有難猝定者矣况上列親藩重兵外戍諸所供饋咸取給焉且松潘以孤城

介在番域而寄咽喉于龍州千里轉運輒爲番蠻所遮斯則巴西之隱禍也烏撒芒部諸夷雖犬牙形格仰我鼻息然内相黨結數啟兵釁且於叙瀘有唇齒之重要在因俗撫綏攜其私黨而已乃若硐門之臂背視諸番播州之富藏四省殆與蜀相爲盛衰者焉建昌六衞僻處西徼自爲奥區民夷安業非所憂矣

四川天下絶險龍州松潘振其北播州諸夷列其南天全黎州當其西瞿塘守其東江山四塞關峽孤開可守一當百吐蕃西控烏思藏等處風俗樸魯慈敎大行法令飭嚴行人所利非若北達烏合之衆

殘侵無紀況以重險臨之爲力又易南隣芒部東
川烏蒙烏撒諸蠻獠要皆腹裏機上肉耳行都司
六衛截制民夷可以安業而西之雅威茂灌南之
崇慶瀘嘉馬叙北之疊溪綿漢彭石重重遶護深
藏三窟所慮姦宄内作地饒充備不能施速定之
術耳本朝
太祖從階文入城都取明昇蓋以討破之苟非儘兵東
守瞿塘事未易成也
岷江自吐蕃來入松潘歷成都嘉定叙瀘重慶至瞿塘
爲蜀江是岷江爲川中諸水之經其嘉陵江北自
陝西來入保寧流至崇慶入岷江其黔江南自湖

廣來合施州江流注涪州入岷江其涪江西北自吐蕃來歷綿州潼川遂寧入嘉陵江其瀘江西北自岷山來流至合江縣入岷江其金沙江西南自雲南來入烏蒙府流至馬湖府與馬湖江合至叙州入岷江其大渡河西自吐蕃來入黎州流至嘉定州入岷江其平羌江西自雅州來流至嘉定州入岷江其界首河南自貴州來入永寧流至瀘州入岷江其白水江南自芒部來流至叙州入岷江其和水西自吐蕃來入天全六番流至雅州入平羌江大都川中水總一岷江其謂涪巴渝渠瀘嘉陵金沙盖因諸水會流遂各以名之耳

川之形勢壯有劒門不足恃而慮在松潘松潘以孤城介生蕃之域乃待食於龍州懸命千里之外設爲羌戎所截則疊溪以南如建瓴而下直抵茂州無難是誠限外隱穽耳西有黎州不足恃而慮在維州（維州在保）縣外無百里乃爲董卜韓胡所據是切近之災且復有自靈關一道可抵雅州自草坡一道可抵汶川縣自泄里壩一道可抵灌縣自清溪口一道可抵崇慶州其門庭顯禍乎

黎州安撫司爲巴蜀西門外有卬崍飛越清溪之險以臨吐蕃內復藏雅州之雕門始陽靈關以蔽腹裏重重要隘出險據險唐韋皐城此以成征西之功

疊州生吐蕃介四川松蕃陜西洮州之中且東接陜西岷州其地山多層疊番虜出没爲患不細洪武十五年指揮馬燁以三萬卒擒獲其酋失剌谷五千餘衆全師以歸要渠三面受敵勢不能應故取之甚易今復爲番族所有其地自後周置州歷隋唐宋元皆爲中國郡縣宜不可終棄但今林密道塞内犯少息可爲姑置者也

馬湖敘州二府逼臨蠻獠華與夷雜瀘州不雜夷實般夷警戍都以省藩重鎮控制西番而崇慶雅州亦難安堵重慶南梓夜郎西通牂牁俗有夏邑蠻夷雜處夏爲中夏人邑爲廩君後蠻爲盤瓠後夷爲白虎種順慶閬無外防保

寧夔州險據在我其地沃民殷諸府爲然當是海
内樂土而馬湖敘州盖略次之矣
川爲江源陝爲河源蹲據上游挈南北之輕重而川陝
自相依附古棧道係獨重爲川陝所通之路若舉
川之四境其入有數道一一由峽江一由永順酉陽陸道一由
雲南金沙江一由階文陰平道棧道其一耳
四川行都司六衛古越嶲地有瘴過金沙江隆冬流汗
惟雨渡夜渡無害
天全六番無險而險在雅州故禁門紫石一關以雅州
所戍之
巴蜀地居極高而烏蒙特甚烏蒙南臨六詔東控諸蠻

故畢備諸種羅羅土獠蠻夷人悉聚焉
蜀中山水嘉定絶冠三峨山在焉
夔州二峽瞿塘峽巫峽歸峽山連七百里中貫一江而瞿塘尤爲三峽之門瞿塘獨在西又謂西陵峽灔澦堆當其口

湖廣

湖廣古荆州地襄鄧抗其頭蘄黄引其肘腹江陵制其腰腹伸滕南向亦足以雄視諸州矣若鄖陽之保商陜郴桂之跨閩粤辰流之押蔽雲貴六江中貫五溪外錯荆楚阸塞斯其備焉蓋二儀效靈山川獻秀故王氣獨鍾于

潛郡然襟江帶湖所至民罹水患寇盜亦復乘之過此
則永州寶慶之間謹備苗夷而已矣
宗藩基布歲賦寔繁楚俗摽輕鮮思積聚於是四方
流民失業者多赴焉故其民率呰窳而難治谿洞
諸蠻本以漢法羈縻差易馴擾惟永順保靖世席
富强每爭奪獲罪輒假戰功自贖奸謀徧搆驕橫
滋萌
朝議不明猥加徵發使遠方之民坐困且久而玩敵將
貽異日之憂謂宜定令毋輒輕發斯則善矣
施州洪武四年歸附置施州領建始一縣屬四川夔州
府十四年置施州衛指揮使司屬湖廣都司二十

三年創建始縣隸夔省州入衛改施州衛軍民指揮使司屬湖廣布政司分隸守巡上荆南道領千戶所三軍民千戶所一宣撫司三安撫司八長官司三宣德三年五月開置搖把峒上愛茶峒下愛茶峒劒南四長官司鎮遠隆奉西泙東流蠟壁峒五蠻夷官司自衛至湖廣布政司水陸二千二百四十里

無襄陽則荆州不足以用武無漢中則巴蜀不能以存險無關中則河南不能以豫居無巴蜀則吳楚不得以奠枕

沔湖廣八百六十里袤五百四十里爲江漢諸水所滙

瀦於太白湖洩於沌口設河泊所三十六以課魚
成化弘治來漢淤江溢湖水渟注積滓所澄洲沙
漸起佃民佔客日集因擴爲業而墾耕之由是湖
平強半矣今省所爲二十一水患日盛夏秋之交
沱潛溢道車木堤排沙頭班家灣等處利害切要
且繕工未至百年後沔更莫知誰何耳
省城南匯交廣滇貴諸水於洞庭而受之於前址引漢
沔諸水而固之於後西承川蜀諸水折而過焉東
有武昌縣樊山承之而爲大回釣臺横之而爲小
回水法縈洄天下莫如所嫵山氣不佳故自古有
不可居終之說大率楚俗廣邁而寡東洪而滿成

其雜之以四方來者東南人以覔利至西北人以
避地至定能容之固其地氣耳

蘄黃北倚五關前憑大江占淮壖之上腴連雲夢之巨藪古豪傑有取焉然非宅中圖外之地其水要不如武昌其險要不如襄陽其路要不如荊州東漫瀘安則退無歸東中阻一江則江西不爲用肘腋之勝殊非所以成大此陳友諒所以得筭之少者也

永州寶慶正據五嶺之背氣局嶺南群山四固故廣西多瘴兩府嶺擁如寨後曠諸湖故俱無瘴永州之背當衡嶽爲辰故雖無瘴於寶慶炎氣交盛若郴

州窪在一隅負之以衡求瘴之以九疑夾之以袁
吉諸山欲其不爲瘴不可得矣
辰州當夷蠻咽喉西際施州南際靖州北際永順保靖
諸溪峒五溪皆出焉能溪明溪西溪武溪辰溪惟
東爲常德卽古武陵桃源之境五溪合而注之洞
庭故洞庭者諸溪洞之庭除也
夏口在江夏縣之江北卽漢口漢水出江之口也大別
山在焉又名南沔又名沔口沔水卽漢水漢沔雖
二源其下流相合而入江故同爲一水沔水在潛
江縣入漢其謂之口者水入江處夾口喬口樊口
塗口陸口沌口涓口皆此類吳魏相持以沔口爲

重鎮古皆稱漢口三國以後稱沔口
岳州府西境爲澧州慈利縣之地卽辰州府東北境界
接九谿十八峒乃諸蠻出入門戶
國初數致警弗靖防戍誠不可玩今布立九谿等二
衛四所及桑植安撫司領美坪十八峒
荆襄流逋專設撫民憲副以治之乃識察奸細非招集
之也其逋民本意避徭賦長子老孫遂成家業
緩恐生奸急則失所
海匱乃荆州北險築横堤引水作三海綿亘數百里又
爲八匱蓄泄水勢惜今盡占爲民田非爲失荆州
之險其地十年六七澇亦若於無所瀦瀉耳

潯陽一水而府名九江或謂烏蜂烏白嘉靡畎源廩提箘似出附會或謂即洞庭沅漸元辰叙酉豊資湘諸水名其所由來恐亦遠取不切意者其江西諸府九大流會於鄱陽而出湓口故取而名之不可知也

抽分在荊州以要川廣所出在蕪湖以要湓口饒河口所出在杭州以要錢塘江所下在淮安龍江關恐爲二税在漳產在黃河所下恐爲漏税

武當石階山中有救窮草食三寸可代穀氣一日冬夏不枯

五六月間長江水常入洞庭蓋岷峨雪消也

築塍爲田湖廣謂之垸湖州謂之圩福建謂之圳蘇州
謂之圍

永順保靖酉陽土兵極猛可徵發凡用七兵所過地須
先淨路三十里以防狼子賛目

江西

江西古揚州地當吳楚閩粤之交險阻既分形勢自弱
安危輕重常視四方若保境和民則九江獨據上
流牽制沿江州郡且密邇南康濱臨巨湖盜舟四
出不可爲備南贛之間則汀漳雄韶諸山會爲連
州跨境林谷茂密盜賊之興斯爲淵藪故設巡撫
重職提師以臨之袁州地逼長沙通民客戶頗難

議察而南昌建昌饒州
宗室固在民疲供億視臨吉瑞信撫諸郡殆有加焉
故凡江西之民樸質儉嗇有憂勤之思弘治以來
賦役漸繁土著之民少壯者多不務穡事出營四
方至棄妻子不顧而禮俗日壞惡少間出矣
江西之水俱會鄱陽湖惟平鄉縣岐山水注湖廣
醴陵縣下洞庭湖頴江介江西之中贛江頭源受章
水東受貢水合於贛州府城北章江雖出大庾縣
聶都山亦受湖廣桂陽猶溪水貢江則自福建汀
州發源其建昌之水盱溪源福建泰章廣信之水
豐溪源福建建寧弋陽之信議港源福建郡武饒

州之鄱江德興大溪樂安江俱源徽婺安仁之雲
錦溪源福建邵武南昌之鶴源水源湖廣九宮山
亦各會於鄱陽而五老峰峙於西二鍾石門峙於
東大孤又塞其口此江西山水之結勁直塞閉而
疏暢周折者也

九江安慶之間江岸南北兩山對峙如門江流至此一
東是謂海門第一關此江西水口成化間水衝北
岸小孤山之北平陸成淵小孤獨立江中風氣稍
瀉矣

贛州龍南界惠州興寧微瘴微癩惠之長樂龍川興寧
俱界贛林深山燠寒少暑多其俗悉巾縞純素爲

群豈有所爲以鎮之耶

浮梁景德鎮善陶甲天下其土取諸樂平近故樂平亦有窯

萍鄉縣羅霄山下有石潭歲旱以長木撥之輒雨雨止木浮起

浙江

浙江古揚州地崇山巨浸所在限隔然嘉湖與江淮相表裏嚴衢以徽饒爲郛郭左信郡右閩關大海東蟠繞出淮揚之境斯固四通八達之區也安吉長興以西本山越巢窟界在廣德之間上無兼轄之司訟訐繁興頗號難治嘉湖寧紹四郡則震澤東

海之所經也潮衝於壅大遺三農之害而盜徒之患次之處州之民多依山盜鑛動至數千持之則激緩復馳縱慶元松溪一帶歲被侵暴溫台並海而南信宿達于福寧估客良便之然不能不防他寇也若倭夷奉琛入貢則風帆直指寧波突至倏來黠詐叵測先事而備其在定海乎

湖絲絶海內歸安爲最次德清其次嘉之桐鄉崇德杭之仁和此外取於四川保寧而山東河南又次之

杭州類汴人種族自南渡時至者故多汴音鳳山門左逼眞宋宮殿在也

金衢徽諸水入江至嚴州當一峽口諸山水齊發峽口

不能卽去故嚴州每罹水患至有五丈餘
杭州惠州婦人爲市恒代川巳婦人撑幹門户
陳同甫圖視杭州喟然嘆曰可灌上書宋孝宗言非駐
驆之地杭之西湖高據上流故也
紹興府山會蕭三縣地高兩頭通江處各設壩障海畔
通瀉水勢有陡門舊甚窄近移置陡門於三江口
總十八座三縣永無水患内復增成田額二萬許
紹興城越勾踐所築堅緻不易攻
浙西之水北自大江南至錢唐江凡入海處古五十有
一今止存者十有七
諸暨居山塽中而大江繞外故瀦爲七十二湖今淤者

半之

鈔關臨清河西務滸墅九江淮安揚州杭州金沙洲內惟河西務杭州金沙洲稅貨餘止稅船料河西務入京門户杭州出閩廣總道金沙洲出雲貴總道雲貴貨簡故金沙洲近無部差臨清稅貨亦稅船莫知云何也

天目山面杭背宣寧國縣冷渡山東南有千秋嶺者爲入杭間道

海塩海塘連年葺治之費雖天關丫义等處激衝勢烈要亦人事未至攬胥利於創工董吏便於自逸乃故踈其謀工無求建良可惜也石塘在外所以防

潮勢土塘在内所以固滲隙二者皆不可無其間土塘受患病於石塘先隳石塘之隳病於土築樁淺又病於灶夫引潮以便抱甕所以不久成害即如漕河砌間土民利行舟停滯欲便經營之利私賂工師作爲衝械

福建

福建古閩越地以温處衢信爲北藩建昌南贛爲右壁惠潮爲外户海爲門封壤促甚而重關内阻溪山秀美民用以和然處人輒用盜鑛流入政和壽寧之境大爲患害古田福寧一帶本竊魚塩之利山谷邃深逋寇每憑之而嘯聚但不常出也濵海上

下外遏倭寇之流近通琉球之貢不爲要害而海物互市妖孽符與則漳浦龍溪之民居多且汀漳之山尤廣人跡罕到獨與贛州聲勢相通提督兵備實交治之而來舂安溪沙尤之間則屬之捕盜官矣蓋簡僻莫如邵武囂訟莫如漳州土沃民稀耕稼自給兵燹不加則八郡一也

氣熱與漳泉特甚地勢卑爲山嵐欝掩故然

閩中有流民餘種五姓曰三洋舊爲一祖所分不入編户凡流崖棲地居之耕獵以自食不供賦役推譽既足各統於首長酋長名爲老人具中綱長服構府游處不常

汀州及江西諸府產杉出溢口徽產杉出饒河口漳州產杉由海達浙東

福州城外海洲名河口居十九姓交往琉球國諸其語性

福建僻阻海濱危關簇嶺於浙江江西廣東俱盤陟而
出諸水悉注省下建延邵汀爲上四府據上流福
興泉漳爲下四府瀕海設都司十一衞於下所以
防海設行都司五衞一所於上所以防關海重於
備倭琉球次之而我民盜海者漳則爲甚關大則
崇安之分水關建寧之仙霞關次則光澤之杉關
分水由江西上饒以越建寧仙霞由浙江江山以
越建寧杉關由建昌以越邵武
漳之龍溪縣海沙月港者夷貨畢集人煙數萬
海上舟師猛敢者福建漳泉龍溪縣沿海月港地方及
廣東東莞縣南頭千戶所歸德福永地方

東南多木犀謂其花氣所蒸成瘴莫知其然否福建木犀盈山瘴者多山人浙江好植此花且以和茶食之蘇州有木犀山連岡一望而患瘴無算俯察之道固不可忘此也

海舟入夷貨布絲鍋磁爲多

海舟宜加警風迅之期歲凡仲春東南風始迅番舶乃北行入夏風尤迅海人水船趁風日可行數百里

廣東

廣東古百粵地蓋五嶺之外號爲樂土由雄連可以向荆吳由惠潮可以制閩越由高廉可以控交桂而形勝亦寓焉濱海一帶島夷之國數十雖時時出

洊要其志在貿易非盜邊也然諸郡之民恃山海之利四體不勤惟務剽掠有力則私通番船無事則挺身爲盜桴鼓之警彌滿山谷凡以良民困於徵求通山之禁久弛敎之不修而大征數擧之過也且容迺蒼梧征蠻幕府在焉軍旅之興殆無寧歲兵糧供饋咸以待之況地產珠池番物騈集本民用所興而內使數來采辦民反病之故外負富號之名而內實貧困者廣東是也

瓊州府古珠崖郡居浮海中週貳千餘里中有黎母山絕峻五峯諸蠻盤藏號黎人最中者爲生黎不與州人交其外爲熟黎雜耕州地黎人原姓黎後多姓

王及符熟黎舊俱黎産今半爲湖廣福建奸民亡命又南恩藤梧高化征夫利其土占居爲各稱峒酋或供賦役或賦而不役成化來副使涂棐有犁庭之計漸就編差弘治末復之而符南蛇之亂連郡震驚其小醜漫突亦無時息警故上策莫善於拔其根株或編甲食土責限繹來或遷置高雷廉畝湖廣贍區而圖籍之

廉州人作閩語福寧人作四明語海上相距不遠風氣相關耳

瓊州東畔水道文昌之鋪前清瀾會同之調懶樂會之博敖萬州之蓮塘南山之李村崖之臨川諸港不

可船舟其西畔水道澄邁之東水臨高之博浦儋之洋浦昌化之烏泥感恩之抱羅崖之保平諸港有灣汊俱可泊舟

廉州無賦入京至不能自給官俸取給瓊州者歲以萬計雷州無京解正德後并免廉解廣西絕無京解軍餉取贍廣東及福建海北之引鹽湖廣之行糧南贛衡永之鹽稅

俗有阿公錢即社意月朔各出錢貯以待患難之人謂廟地生錢

海潮應月浙江廣福等處潮俱有信獨瓊州潮半月東流半月西流其大小應長短星不隨月

雷州突出海南前與瓊臺故倍炎又謂濕地得伏雷蓋
陽盛所結非雷也
雷州雜黎人黎習俗語能用夏以變之亦易
高州據山高處邊海諸郡爲偏高地阜溪廻炎氣不盛
比之雷廉肇廣稍解
肇慶有草名胡蔓又名羊角鈕食之斷腸
高廉等處多毒虵蜈蚣被傷者服香白芷五靈脂雄黃末
藍澱汁傅之蜈蚣入喉小猪兒斷喉取血或鷄血
飲之再飲生油一口即吐出蛇入口并七孔于割
猪母尾瀝血口孔中即出卒急蛇繞不解用熱湯
淋之或人尿治之

惠州鷄籠山頂有龍潭歲旱鉄釘投之輒雨

兩廣雇募打手自嘉靖初始

國初行梁集法後改設衛所正統間復起民壯似有梁集遺意亦郡縣自安之圖固分軍民二矣乃復於轅門動頗烏觀夫素練云哉

惠潮祭則云契契石契木契湖

南海上群寇華夷且集襲珠池擄商貨間則採海爲生甚猛悍濱海處緩急可召募爲用

廣西

廣西古百粵地當嶺南右偏三江襟帶提封甚廣然內給藩封外困邊圉而風氣習又視廣東特異

如府江綿亘八百里則已半爲苗夷所有阻兵江道肆爲寇竊不但古田荔浦數縣苦其蠶食而已潯州則大藤峽跨在黔鬱二江之間諸蠻巢穴在焉剽劫四出急則投竄雖有上隆州五屯所扼其咽吭不足制也若與安西延六峒與武岡州陽峒接壤猺賓據之是爲桂林北境之患柳慶以西則八寨號爲盜區洛容懷遠並羅憹毒而賓州其襟喉矣然右江一帶惟岑氏最强思田既已殘破則泗城州猶嬰樊之虎計非削弱不可也且南寧控過兩江坐躡交阯桂筦保障或者其在是乎

雲南廣西在處土官割據蠻洞彼此讐殺貽患地方

朝庭每下撫巡司府官員撫諭動經數歲不得停帖是
雖夷性踏拗亦撫之者多貪利之人以養成之如
雲南木邦孟養廣西思恩近日之事其酋明云司
府官不過一狗乞與一大骨頭便去矣今日縉紳
遇骨於地不狺然而爭者幾人悲夫

廣西麗江自交阯廣源出分憑祥龍州至南寧合左江
思明之水則自上思州起注龍州入交趾界是為
明江

廣西五屯千戶所居荔浦斷藤峽府江藤縣中當峽右
臂及白石寨十二磯濛江口之衝為諸猺要道其
間山泉佳秀獸木豐麗巖石奇俊田沙衍沃足以

裕其居而過其害洪武間立所近復增置城堡集
獞兵以守之借其力以爲用亦一隅雄鎮也
廣西猺獞獠蠻雜生蕃類然徵各有别猺多姓槃氏初
静江之興安義寧古田融州之融水懐遠有之猜
忌輕生烙賍善奔能忍饑獞初慶遠南丹之人呼
爲獞今桂之荔浦修仁永福且多而忻城荔波天
河永順永定尤厲其慶遠思恩分生熟二種蓋以
入編籍爲熟也獠無酋長板籍惟推勇者爲郎火
餘自稱火蠻有撫水蠻出慶遠酋多蒙姓有西原
蠻出廣容之南邕桂之西酋多寗始有廣原蠻出
邕州西南今羈縻州峒多古蠻地

上思州舊爲思明府土官屬語服悉夷弘治間改入流
隸南寧近漸被聲明之化其習相遠之驗乎
慶遠戍不懈止足以控牂牁昆明十五部地耳本部獞
人漸據編氓產無能禁也郡境文明之化徙以爲
潯州瘴氣殊盛惟東平南縣近梧州者稍舒可
自安惜耶
府江卽灕江發源與平縣海陽山經桂林平樂至梧州
左江源廣源州右江源峩利州經太平南寧之合
江鎭二江合是爲鬱江又黔江源牂牁界經柳州
象州至潯州與鬱江合是爲潯江至梧州與府江
合東注封川縣德慶州肇慶府至番禺縣入海三

江爲經其餘諸水各附焉是梧州乃兩廣輸輻八桂門戶水陸要衝民夷總節開設三堂於此自成化元年始其兩廣設鎮守總兵永樂年始總制都御史景泰三年始

府江長八百里自梧達桂中度灘瀨三百六十至平樂稍平橫亘崩下猺嘯八桂必由之地乃兩岸猺獞嘯集剽掠去城不數里輒禦人而魚肉之雖堡寨沿江爲毒不息其無雄略長志以藩省節鎮夾於梧桂兩端而兵備署於平樂耳三府惟全州爲樂土

柳州猺獞與黎平相通接

左江土兵弱不可用可調者惟右江思恩田州泗城南

丹爲最也

右江土官喜於見調調土兵人給米一升廣西米斗銀三分餘每人月該銀一錢俱爲土官所得土兵自齎糧以往且獻名倍役者之數以規糧給

左右二江之中設奉議衛象南丹三衛以斷其連奉議居貴縣爲潯州西徼衛象居橫州爲南寧東徼南丹居賓州爲柳州南徼

遷江五屯二所直隷廣西都司欲其無援易於馭也

田州岑猛得盧蘇王受爲左右手蘇善謀狡詐百出勇不如受受身矮多鬪技無戰不克陽明平田州受尋死蘇招鎮安殺岑邦彥今走住歸德

廣西及高廉等府山嵐瘴氣蒸氣或痒如坐甑中須時

來霧雨則惜雨豈更春謂青草瘴夏謂黄梅瘴夏

秋之交謂新禾瘴中秋謂黄茅瘴霜降後乃可無

恙大抵炎方陰氣塞固陽多發泄草木水泉皆稟

悪氣人元氣不固即感而成疾是謂瘴瘧治者不

宜發表麻黄金沸散青龍白虎湯不可用只宜温

中正氣亦或投以薑附沈存中七棗湯用烏頭七

移七泡亦此意平時調攝宜平胃散正氣散及節

食寡慾戒多七情保無虞也

蠱毒有數種蛇毒蜥蜴毒蜈蚣毒草毒食之變亂元氣

心腹絞痛或吐逆不定面目青黄十指俱黑驗蠱

法吐於水沉而不浮含黑豆豆脹爛脫皮嚼之不腥嚼白礬味甘皆是治蠱法飲白水牛血立效王氏傳濟方歸魂散必用方雄硃丸皆可

斷藤峽舊名大藤峽韓都御史雍平賊後改斷藤舊藤絕流蔓生韓為斷之周六百餘里下口在潯州府西北境上口接柳州府武昌縣勒馬峽兩崖壁立叢攢蔽天中流奔匯猺獞哨聚行者患之近設有上隆州以控上口五屯所以控下口風氣天成巢穴猶非其廢乎陳都御史金處行猿魚鹽瓦器以給之數年盜息易永通峽然猶有所未盡故亦不能守於其終必摘其會而受之職以君之稅商款

克慶稟或可爲永久之圖處與安六峒八寨亦此
意
程番民巾縞惠州亦然
征蠻法全剿不如殲魁明捕不如暗執征戎法避銳不
避歸殺衆不殺降
衆建諸侯而小其力乃處土夷良法土官自相讐殺只
爭地爭襲辨疆域明譜系二事不可緩也
廣右風甚冲雅有修然物外之意蓋得地脉正南但逼
海陰不當陽不免病在遺淡六祖出其地踰海占
城南實童龍國隷占城風亦相類佛書謂王舍城
即此地云目連舍基尚存今羅漢中有賓頭盧尊

郎童龍轉音

征南法滇夏調秋偕霜降進山冬至後散旅臘月招懷

殘姓次年春纔易處耕

雲南

雲南古梁州　裔境地崇岡巘嵲激澗縈紆城郭人民居十七時恬則蜂屯蟻聚有事則獸駭禽奔蓋人自爲險勢難統一者也必知其領要則雲南臨安大理永昌鶴慶楚雄頗號沃壤然安路納交阯㑹騰地擁諸甸瀾滄聯絡寧麗曲靖彈壓烏蠻王公設險於斯要矣而土酋大者元江武定景東麗江小者姚安北勝鄧州霑益並以兵力稱桀向背靡常

[illegible]
尋甸一帶風土絶異兵衛所隸故諸羅儸讐殺相尋
而木邦孟密亦恃其險遠至今不聞悔禍咎在撫
綏失策本無置制可言然滇南地向中州必假道
貴陽而後進稍值兵梗坐令隔絶則滇池之達焉
湖武定之達建昌川陸具存乂而榛塞在今日所
宜亟講而萬里推官類難得人則夷情蠢動未爲
無故此尤不可不慎也
巖洞天下洞天之首
所轄夷民大率僰羅二種僰人與漢人雜居充役公府
羅羅性凝深居山寨人得詒害之

通川貴商道東路白水平夷亦資孔一帶如分水嶺炒
鐵溝龍井舖小啃兒等處西路南寧松林炎方霑
益州一帶如老鴉林桐車壩石灰窯楼羅灣等處
夷羅不時出沒搶掠商貨又貴州倚蘭寨等處賊
徒互相勾引官兵勢難禁捕各驛本地夷守護之
稱其旣稟費出於商而官爲取發焉兩全之道也
舊曾有議顧與總不特弃官費口糧及令夷自索
商保路錢皆未便宜耳
貿易用貝貝俗謂貝以一爲庄四庄爲手四手爲苗五
苗爲索索盖八十貝也
廣南順寧諸府俗好食蟲

元江麗江蒙化景東等府師宗彌勒新化寶山巨
津和曲祿勸嵩順等州元謀等縣役無定紀故科
無定數惟大理太和十年一役其鄧州賓州騰越
北勝趙姚浪穹永平五年一役雲南縣三年一役
自餘州縣一年一役差有規差耳
諸省惟雲南諸夷雜聚之地布列各府其爲中華人惟
各衛所戍夫耳百夷種曰僰人爨人各有二種卽
黑羅羅白羅羅麼些秃老歩門蒲人和泥蠻土獠
羅舞羅落撒摩都摩察儸人沙人山後人哀牢人
哦昌蠻憐蠻魁羅蠻傳尋蠻色目灊河尋丁蠻果
歩

雲南領十四府八軍民府五州惟雲南臨安大理鶴慶楚雄五府巖居中腹地頗饒沃餘俱瘠壤警區大抵雲南一省夷居十之六七百蠻雜處土酋割據但黔寧遺法沐氏世守比之廣西貴州省土官不同差有定志而西有瀾滄衛聯屬永寧麗江以控吐蕃南有金齒騰衝以持諸甸東有元江臨安以扼交趾北有曲靖以臨烏蠻各先得其所處推尋甸武定防戍稍疎木邦孟密性習叵測不江景東土酋稱桀老撾車里姻好安南阿迷羅台摩爲徼梗廣南富州界臨左江不可不加之意也

雲南自貴州烏撒衛入曲靖霑益州爲道衛烏撒衛實

居四川烏撒府之地又自貴州普安州入曲靖又
有廣南府一路出廣西安隆上林泗城今英國禁
不由又有武定一路從金沙江出四川建昌衛今
亦莽塞

南徼緬甸木邦老撾車里八百干崖隴川孟艮孟定諸
處俱文外事

大理府江山襟帶隘險阻民物清麗自古有取都爲城
東有西洱海郎葉榆河周三百餘里中有三島四
洲九曲之勝城西有點蒼山高千餘丈盤亘三百
餘里聳十九峯蒼翠如玉

干崖甸地熱四時蠶絲亦可用

二大水俱源吐蕃一金沙江自西北來經麗江鶴慶武
定東北出四川馬湖一瀾滄江自西北來經麗江
大理蒙化臨安車里東南入海地勢中卬然也其
滇池西洱海撫仙湖瀘沽河石城河魯窟海子俱
周廣三五百里山脉局戹然也
木邦一帶諸甸賤女
雲貴交廣俗尚銅鼓集事
鎮遠苗俗有爭以銀布請行頭媒講其講舉籌以爲紀
講殺人曰笑頭講盜牛馬曰犯尾
阿迷州有火井煙來水出投以竹木則焚
滇產從番而出若鶴慶武定山通金沙江可出也

六詔乃西南夷雲南全省之地夷語謂王爲詔其都在大理麗江蒙化三府及四川行都司建昌等衛而居大理尤久六詔俱姓蒙氏凡名嗣代各項父名下一字蒙舍詔在蒙化府浪穹詔在大理府浪穹縣鄧賧詔在大理府鄧川州施浪詔在浪穹縣麽些詔在麗江府蒙巂詔在建昌衞六詔惟蒙舍居南蒙舍至皮羅閣始强盛滅五詔盡有其地遂總名南詔遷居太和城即大理府子閣羅鳳用段儉魏爲相獲唐西瀘令鄭回而尊之至其孫異牟尋創立法制脩議禮樂設三公九爽三託諸府之官以分其任回復勸尋歸唐是開南詔聲名文物者

鄭段之力居多蒙氏歷年二百五十而鄭氏趙氏楊氏
迭興皆不久至石晉天福間段氏始立元世祖得
南詔降段爲總管迄我
朝尚爲鎮撫不絕

貴州

貴州古西南夷羅施鬼國地地里蠻夷並同滇境而山
箐峭深地瘠寡利夷性猾詐殆有甚焉故泗州思
其狠吞伺竊外户則守在永寧老部盤據廣土蹲
伏址藩則憂先畢節若思南石阡銅仁數郡界在
鎮筸酉播夷洞之間鴟張豕突貽患寔深況地離
東川烏蒙諸部師旅繹騷每與川湖同其災害而

罕民歲計又太半仰給於二省兵荒交值時有弗繼之憂且水西普安凱里諸酋　富甲他夷地連肘腋逞姦首禍患豈一朝故知梟獍之資不忘格鬬而爭疆奪職乃其兵端焉然夷虜自相翦伐貴在因俗以特無定不足煩

國家力也

鬼方極遠之國即莫靡之屬也鬼之爲言遠也按貴州有羅鬼夷俗又呼貴州爲鬼州

貴州省乃川楚滇桂之衢太路三自鎮遠偏橋興隆清平平越新添龍里至省而威清平壩普定安莊安南爲中路自省而威清平壩安順鎮寧永寧州普

安為西路自省而劄佐龍場谷里水西奢香金鷄閣鴉歸化畢節周泥黑章乖甸烏撒為北路小分路自省南五十里為程番自平越而南六十里為都勻自鎮遠而東北為思州為銅仁自鎮遠而北為石阡為思南自鎮遠而西北為黃平自畢節而赤水普市為永寧衛由普安西亦資孔驛達雲南曲靖平夷衛由烏撒西倘塘驛達雲南曲靖霑益州由程番南達廣西泗城州由都勻南獨山豐寧達廣西南丹州由思州東達湖廣沅州由思南東達四川酉陽西達四川播州北達四川涪州由黃平達四川草塘白泥容山由永寧衛北達四川瀘

州由永寧州南達廣西泗城州由省址底寨養龍
達四川播州其各小路不能悉載
貴州區制之跡永寧控泗城而倚在普安畢節控播州而
倚在烏撒上下八衛開書道而自相爲倚五開烏
撒守門户而五開接鎮遠烏撒援普安
黎平門户全貴鎮遠都會水陸貴州省城統括諸衛
貴州地特高故水四出盤江源出烏撒合拖長江烏泥
江注泗城州長河冉溪江二源出都匀注南丹烏江
源出程番合南明河繞省城復合清水陸廣等河
至思南注涪州界首河源出谷郎山合赤水等河
由永寧衛注瀘州可渡河源出一普安烏撒繞注曲

靖伴河江源出八番注泗城大岩江源出諸苗合
福祿江彩江注柳州新化江源出諸苗合八舟江
清水江注辰州鎮陽江河處洞河重安江注沅州

貴州有養龍坑在省城北二百餘里當春和特縶馬其
間雲霧晦冥類有物蜿蜒與馬交其產必龍駒

貴州軍餉仰給於四川湖廣各十有八萬餘

各布政司田土惟貴州無頃畝冊應辦糧差各於土官
名下總行認納

貴州偏橋清浪銅鼓五開四衛及黎平中潮龍里新化
亮寨新化也五所俱隸湖廣據上游也雲南霑益
所隸貴州開行道也四川黃平所隸貴州厚夷防

也河南汝寧所隷中都守鳳陽也河南磁州所隷山西重壺關也山西廣昌所隷萬全嚴紫荆也山西平定所隷後軍謹外應也浙江嘉興所隷蘇州運海防也潼關衛隷中軍係親戍也山西蒲州所隷潼關衛援關戍也

四夷今之四夷北虜爲急國初設大寧都司屯重兵鎮之其地繞出山後而遼東宣府大同勢相連屬自偏頭關逾河跨西北大虜之警守在東勝河套之南又有榆林實爲六鎮後棄大寧移置都司於保定而宣府遼東勢始分矣正統以來有司又失守東勝大虜乃得逾河而偏頭關迤西遂有河套之

虜因循既久有司又不肯以時巡套東勝之鎮併
近内地形勢愈弱於是所頼以衛
京師防邊虜者不過遼東宣府大同榆林四鎮而已夫
四鎮所領各堡亦有精壯苟足其糧餉守備等官
勤加巡哨為之牽連援救自足以各守地方督率
耕牧從古備邊之道也今則撫臣假調操以自固
將帥假按伏以為奸地方屢失糧餉屢乏實此之
故矣若哈密之失守土魯番之拒命則由近日文
臣貪功置制失宜失中國之信不足為慮大虜自
套來者則亦不剌一種竄于陜之西海地方蔓延
至於西寧使一帶地土不得耕種土民不得安業

直抵洮岷頗難制御則其勢有可慮者今惟有遠革調操按伏之弊堅壁固守勤加巡哨爲耕牧長計而無狃近利乃可爲也其治南蠻之道則在率土著良民得以自相守望一或不支爲之連屬附近地方策應之如湖廣之永靖廣西之狼兵置之不復徵調民足相死兵不毒民無貪功之文臣無貪利之武將亦不數年而晏然矣

右以上論調操按伏乃今日之弊耳臣又聞兵無定形古人云五指之更彈不如合拳之一扶故擇要害之地選良將統精兵數萬賊來分散搶掠聚者不過數千我常以數萬逐數千其筭不爲不是但今

邊將多不知兵所爲俱被賊誘而復之故將不得
人不可言調操也
又聞兵忌形露賊來不知我之虛實必攻墩誘我我不往應但分兵按伏於屯堡或依山林或阻溝澗作隱作見使賊見我堡屯處處有兵而不露多少之形攻墩又不往應自生疑惧矣及賊散入屯堡又被我伏兵擒斬彼敢復深入乎今或一聞賊來攻墩即發兵撞營往救賊反得以設伏誘我縱我不爲所誘彼常以精卒數千絆我於外即堡寨之内盡爲蹂躪矣若使我兵不受其絆於外彼敢無忌憚若是乎故將不得人亦不可以言按伏矣

又聞近之善守邊者每十餘墩必總委一官提調十墩之中擇一可守者先儲米數石水數缸賊近邊即斂十墩之軍共處一墩每墩止留善走者一人舉煙放砲又潜來共墩而處賊若攻墩不分有軍無軍墩分俱寂然無聲彼攻空墩常多半日之勞而卒無所得攻有人之墩則輒被木石擊傷而墜相繼來者見我各墩煙火齊舉即莫測孰爲有守而自畏矣所謂以靜制動以佚待勞常形人不形於人者此類是也然此法須先遠探候賊往之處我乃提兵間道而往伏於要害誘而取之乃爲得策今皆不揣敵情不分奇正一聞鳴鼓遽出兵未集

而形已露曾何益乎故將不得人九調操按伏反
為邊防弊政故不得不痛革者況帝王之道以全
取勝此固在所不講者也
曾三異因話錄地螺或用子午正針或用子午丙壬間
縫針天地南北之正當用子午或謂今江南地偏
難用子午之正故以丙壬參之古者測日景於洛
陽以其天地之中然有於其外縣陽城之地小偏
則難正用亦自有理
黃支國合海日南之南三萬里類瓊俗民且富庶
于闐國統十三州周四千里氣序和暢宜五谷其俗知
禮在葱嶺山北葱嶺高千里西域三十六國惟一

賔爲帳

占城成化末爲交趾所逼航海來訴爲分之

香貨以占城貢達儂所產爲上三佛齊所不如大食國

寶貨多甚特遠難至或假三佛轉市之

北胡韃靼俗拜日月初生凡舉事以月盈虧爲進止其

坐西北

吐蕃謂王爲贊普番語以彊雄爲贊以丈夫爲普其誇

彊雄於王則其所務可知矣是夷習先以蔽其識

豈真不可以爲善耶

四夷惟朝鮮禮俗雖箕子遺風固亦東方之氣耳

撒馬兒罕去肅州西九千里漢罽賓國地衍土肥類我

闌中且產諸色玉誠外夷樂土元附馬帖木兒主
其國洪武中入貢其孫迄今不絕
暹羅國在占城南原暹與羅斛二國暹國土瘠人貧仰
給於羅斛王正閏暹始降於羅斛合爲一國
回回曆出天方國國在西域國西有默德那國皆沃壤
樂俗相似江淮風土回回曆甚精密佛家等子聲
音之樂亦出其國聞善醫藥惜未得其術
占城國逼交趾之南風俗遠不侔國有神助故民寡奸
慝民詐未白今過鰐魚潭魚出食之理直者魚避
去有厄于魚虎者作符呪魚虎自投死廣州發洋
八日至其國

南海番國惟三佛齊差大商船聚焉故三佛齊所售多
有他國産者
北虜食醒氈夜目不明睡則沉熟可乘故被虜者每竊
馬以逃但爲頭墩哨夫殺以報功
烏蒙俗人年十四五擊左右齒乃娶
朶顔近數請增貢又結好俺達不豫爲圖是肘腋之癰
也
北虜生生之資仰給畜牧績毛飲湩以爲衣食各安土
風狃習勞事不見紛華異物而遷故家給人足戎
備完整歷代以來雄者便能虎視四方金太祖元
世祖是也中國風俗之敝季運之際奢侈無度財

用損耗人情偷惰民窮盜起遂至兵事不振吁可畏哉

蓬窓日録卷之一

蓬窗日録卷之二

寰宇二

朝鮮　安南貢路附

西南夷

蓬窗日録卷之二

京後

國家之扞京後猶人之護腦背過計不爲迂過力不爲勞過勞不爲損何者所關至重也夫京師之有遼東猶人之有左臂其有宣大猶人之有右臂遼東限以山海而東夷稍弱撫鎮自爲經畧可矣宣大隔之居庸而北狄崛强總督日不暇及亦稟稟乎濟焉乃獨于腦背風隙不之圖恤偏西者委諸宣府視爲盡境而忽之偏東者聯之薊州不禀節度而規制相左即以塞垣較之宣府數歲之所急者西中路其次北路而已而鎮南墩歷永寧以至

新寧墩之疆域舊無塞垣周城也薊州之所備者潮河川黃華鎮而已而鎮南墩火焰墩之中空兩不責成周塞也又宣府之守自黑山墩以至威遠墩為里二百二十薊州之守復自密雲以至火焰墩為里六十可謂過于防矣而引黑山之縮于密雲路不兩舍後不經時亦卒未之講焉故曰宣府視為盡境而忽之薊州則不稟節度覘制相左也臆重腦背之慮兼肩臂之憂永寧以西者責之宣府密雲以東者屬之薊州堅廟謨以一其任專重臣以責其成役畿民以資其力出內帑以濟其費

大城

京後以爲京圖引黑山之綰而屬之密雲分京營之
番以習其勞佚斯固我
國家之急務也

長城

古來築長城以扞北虜者四世燕趙秦隋也秦制多承燕趙而隋氏不盡因秦也史記燕城起於造陽而至襄平遼陽造陽者上谷地也襄平者遼東縣也遼陽昔遼水之地也皆燕國邊胡之地故其建築亦在此地也趙之城則自代地而因屬于高闕代者鴈門郡也高闕者靈州北流河之西陰山之上游也趙武靈王國於雲代故其備胡但能並河而

西以極乎趙境耳至秦則已并六國天下爲一西自上郡北地而東至遼東西悉爲秦有故蒙恬之致役也西起臨洮則中國極西之地也北屬遼東則中國極東之地也自東迤西殆萬餘里無論燕趙之與岷蘭其在當時蓋無一地而無是城也於是會合三制而要其所宿則秦城之長固周乎中國之北矣然審而求之則其城不皆秦築秦但補築使足耳元和志曰開皇長城自代之繁峙縣北經蔚州北十里入飛狐縣夫其自代而蔚則極北而與虜邊中國之地不出此外秦人爲城以城中夏勝地固當在此矣志又曰開皇城起嵐州

合河縣經幽州皆因古跡修築夫嵐州者樓煩郡
也初爲胡地後爲趙惠文所取則合河縣固可立
城矣幽州者戰國時屬燕地則非趙人所得有何
由可施版築也是前乎燕趙别有築之者史所不
傳故槩言因古跡修築也以此知古事湮沒無載
者多也元和志又有大業城在靈州懷遠縣界河
外則越積石河而北秦無此迹矣

北齊文宣天保七年築長城東至於海前後所築東西
凡三千餘率十里一戍其要害置州鎮凡二十五
所是後頗大明年又於長城内築重城自庫洛拔
而東至於烏紇凡四萬餘里高洋備邊如此

或問長城古乎曰古也蓋自文王始而宣王之北伐盡境也復城朔方宣王城朔方築城扼要也若今之長城乎曰古者井田南東其畝設險周于天下扼要乃所以為塞也自開阡陌溝澮蕩然由是胡馬南馳無結草之固矣其勢不得不變扼要者為長城也變扼要為長城始皇始乎曰何始始皇也冠帶之國七而三國隣胡秦趙燕之擯胡為塞也久矣然則長城利乎曰利群虎狼于宇下而無藩籬之隔蹈戈鋋于白肉而無陴睨之憑仁者不忍也且無藩籬則日警備日警備則禾稼廢蹈戈鋋則日虔劉日虔劉則生養鮮其何以為國乎嘗謂開

闢以來爲生民害者三大變聖賢王伯忘其身以捄之而皆歸之築防一曰禽獸夫人無堅皮革利爪牙而夥然雜異類之中其不爲所吞噬者幾希矣則爲之城郭宫室重防以圍重門以居故上古民相勞曰無恙二曰洪水懷山襄陵浩浩滔天而人棲避于巔崖樹杪之間其不仆斃而枵死者幾希矣則爲之疏治鑿三門導九河地平天成萬世永賴故古之贊禹者曰微禹吾其魚乎三曰夷狄明王不作方伯弛職衞懿之戕北燕之迫天下岌岌乎爲所併也則爲之封攘南至穆陵北抵孤竹而後衞人忘亡燕人寧宇故孔子稱管仲曰微管

仲吾其被髮左衽矣是三大變古之賢聖王覇勞心思竭肋力以圖之而其究皆歸于築防夫城居以避患也而鯀以之治水築堤以扞水也而後世以之防胡此羽州之殛踓伏地族之罰而勤民以没所以不失夏郊也今幸于禽獸洪水之害不相及矣而獨月與夷狄從事若之何其廢古畫也然則始皇不爲失乎曰始皇不失之畫而失之行不過爲慮而過爲督責者也夫六王畢四海一罷侯置守銷兵徙豪傑天下服秦强矣此時爲畫非胡而何夫蚩尤戮則軍粥逐太白縣則萊夷伐內安外攘武之經也然不先之以生養休息而即若之

以工役轉輸不慮其不戢自焚而暴師萬里無有止息此不失之畫而失之行者也異類不可以盡殲異世不可以無守趙燕之故跡猶存河隍之新斥甚遠此時有慮非長城而何夫起臨洮歷九原雲中至遼東爲塞此何等形勢也然不遲之以歲年寬之以撫字阿房未終左閭再發此不過爲慮而過爲督責者也然則始皇長城可師乎曰師之善則始皇可師也師之不善則始皇不可師也敢問師之善者何也曰停不急之役寬額外之征懇塞下之田而無科輸塞下之粟以備急酌勢緩急因時後先可因者因可創者創期以再世以底成

寧師之善者也古之人有行之矣漢文是也其不善者何也曰師屢出而不戀役長役而不休因之以飢饉加之以盜賊天變而主不知民怨而下不達外侮未息内變且生師之不善者也古之人有行之矣隋煬是也然則舉隣胡若悉城之乎曰有緩急也都邑所近則急田壤膏沃則急不可以不城也隔遠畿甸則緩山谷險阻則緩蓋有不必城也都邑所近城則井泉無烽火之通國勢尊矣田野膏沃城則畊稼無奪時之苦民生遂矣隔遠畿甸不城所謂遺微利以繫其貪山谷險阻不城所謂誘之死地而殲之也我

朝與秦漢之緩急可得聞乎曰秦漢所急在西北上
谷北平爲緩我
朝所急在東北非肅寧夏綏也秦漢急西北故秦塞
起臨洮漢武置朔方緩東北也故誘匈奴入則于
馬邑開樂浪玄菟當時非之我
朝又是然則我
朝長城應始東北乎曰應始夫神京在燕大寧淪失
天壽與異域爲隣宣府與遼東隔絕汲汲圖營以實後
背猶或恐後也是故開平之轉運難繼則當徙三
衛以易大寧大寧之巢穴不除則當通宣遼以爲
絕塞失時不舉策之可憾者也何失時也曰徙三

衛當在
國初爲絶塞當在成化弘治之間何也曰
國初三衛之置根未深而開平之廬舍未廢且北虜
遠遁三衛得以有之以此相易不爲難也成化弘
治之間北虜數貢邊警罕聞年穀屢登塞下殷富
彼時若城
京後虜既不與我競我亦力足辦之紆直進退即必
有涉于三衛三衛蔑視之也今三衛視大寧爲樂
土而開平陷入虜庭非惟我不能以大寧爲我有
且亦不能以開平與三衛矣又邊警所急愼在宣
大禍發有形難先未兆而

京後尺寸棄取之間三衛興尤以爲屬已故曰失時可憾也然則宜如何曰宜大不可不城所謂白刃在前也宜大既成戰守斯議謹哨望于登陴伏精銳于半道卯垣則矢石備施以爲守入塞則左右邀擊以爲戰此之爲宜大計也而以其閒暇大城

京後慮版築之屢興則寬其諸役恐三衛之有競則畋以徵資土可築則土築而磚甃繼施石可劚則劚石而灰灌必慎自居庸抵山海以爲衺迤其下列壘寨以爲犄先之以京營出戍繼之以招募成家盖當舉天下之力以事之而不以煩費阻與遷都較輕重而不以勞難輟也是則失時可憾而捄

時有要也然有謂長城無益于疆宇者何曰不究始末之言也夫塞下田不塞下人有也爲虜壑也一騎長驅畊夫鼠竄畊具牛畜舉爲其有矣塞下丁不塞下人有也爲虜恩也朝取数人焉殺而妻諸壑暮取数人焉驅而入之虜夫塞田不墾則粟愈貴非惟居者不可留而兵廪且不勝轉輸之困矣塞丁不息則地愈孤非惟伍失者無從補而虜幕且愈增其類矣夫當長城之未城也塞下粟有斗数錢者乎塞下人有舍内郡而願僦居塞下者乎塞兵有一非坐食官廪給也自養爲官戰守者乎一遇伍缺清勾拘攝如捕罪人有招募一呼千

百彙集者乎帑金至重也輦輸有遇掠者矣巡察使憲臣也行部有遇害者矣赴簿計即如探虎穴轉商賈即如臨重壘洪蔚內地也虜至境而烽火不聞朔州開府也虜入塞而聲問永隔今時亦有之乎故曰議長城之無益者不究始末之言也然則長城足恃虜終不能入塞乎曰何言終不入也堤水而浸潰必有方引繩而牽断必有處長城之利烽燧明而野易清也攻拒久而兵易集也粟入多也生息繁也小舉之莫能犯也大舉之易于調伏窩應援突擊也虜慮歸之難而不敢深入也嗟夫守不密則入言必不入則宜廢守矣既入則有

戰言必不入則宜廢戰矣古今有廢戰守爲國者
乎是故謹詰邊之令以嚴乘塞之時精團操之兵
以待農隙之入申堡寨之約以盡清野之實固
京後之防以居萬乘之重可戰可守斯固策之中也

地里

立國宰物畫野分疆蓋自五帝始矣然上世即人以爲
治從化以爲俗不以幅員較廣狹也逞侈勤遠其
秦皇漢武乎是故論治者戒之然嘗謂秦制有始
之秦者有不始之秦者始皇漢武之經營有可以
傳之後世者有不可傳之後世者始之秦者罷侯
置守銷兵徙豪傑是也不始之秦者起上谷雲中

九原並陰山歷高闕以為塞也不可傳之後世者封泰山祠汾陰望海待邊是也可傳之後世者斥匈奴嚴隘塞增北戍實新秦是也而後世之君志荒者師其弊溺宴者忽其經隋煬極力于高麗唐玄殲良于黔南德宗受維州之降則以守信為上真宗聞靈州之破則以不棄為悔乃至光武潘美忍于徙民劉琨石敬塘敢於割地於戚是可慨也故嘗謂輿地大勢東南日闢而西北漸淪人事大較東南易墾而西北難甍何者財貨之所出奇玩之所供得之者足以上諛其君下厚其殖而又風氣孱弱士馬僅支進有勝敵之名退無處境之患

故歲幣輸于匈奴而尉陀之使不廢襄鄧藨于蒙古而瓊崖之竄如歸好逸惡勞茹柔吐剛中人之常而不知地形有首領人事有機要捎首領失機要將有敗壞四出不可捄藥者矣閒嘗舉天下論之而譣之以往跡無不符節合者也盖上谷廣寧雲中九原之門戶不固則晉冀青齊河洛之堂宇日闚晉冀青齊河洛之堂宇日闚則吳越湖襄川閩之室奧必至矣於戲此地里之所以考也此秦制所以有不始于彼而始皇漢武之經營有可以傳之後世者也

大寧

按大寧都司内轄錦川全寧及大寧和衆富庶金源惠
河武平龍山等縣蓋古遼西郡契丹號爲中京大
定府是故大同在西京師在南遼陽在東大寧則
居其中松漠在上松漠西南三四十里之間舊有
祖州饒樂百五十里之間又有懐州東南至平地
松林四十里松抹水出是爲黄河或十里或三百
里皆盤據交錯其去大寧或三百五十里遠亦不
出五百里輕騎疾馳旬日可以回往若大寧形勝
多大山深谷幀負千里馬盂山六十里山之南北
千里東西八百里崇隆迤逶連亘
京師之西山内有長泊周圍二百里大葅泊周圍三

百里小盬泊周圍百里山高而長水濶而聚且其
地東接福餘若招漳潮吳浙水商遠通日本新羅
則自新羅可以通沃沮由日本可以通穢貊穢貊
古爲渤海東京龍源府沃沮古爲可渤海南京南
海府既通二府則漳潮水商或經唐恩浦口或經
穢貊沃沮直柢扶餘而西入大寧契丹曾置通吳
軍其道必由於此矣臣竊謂朶顏連婚海西欲脅
大寧以入爲謀矣事不先圖禍恐莫測我
國家兵力未舉使先朝久城之城沒於奚胡之手潛
搆韃靼民屢戰兢異日出兵收復必由遵化喜峯
出攻錦川全寧而夾以開平中屯興州右屯及松

亭永寧之師三萬遼海出塞朵顏福餘亦必以兼
州廣寧之無步騎出於牛山舟師進由小陵此其
成計不可具者然皆非所以施於今日之警急者
也喜峰內地非險阻之勢潮河之川有順流之便
秋高馬肥虜騎突至當如何以待之黃河之運荀
通邊塞兵糧若裕吾命甘肅西寧出軍嘉峪以收
瓜沙玉門寧夏延綏代朔出塞河套以復降城東
勝戎狄既服奚胡自震此理勢有必爾者今糧運
扼於河凋虜騎敢入平定古今立國未有如是之
輕虛矣往者急報虜情發馬價三十萬兩以資買
馬然未見其大破虜衆使不敢來此又臣之未喻

也

太祖逐元後於古會州之地設大寧都司及所屬營州
等衛以爲外藩籬復命魏國公修山海關喜峯口
古北口黄花鎮潮河所一帶以爲内藩籬永樂中
遷都北平掣回大寧以其地委朶顏餘福泰寧三
衛而以内藩籬爲界俱以薊州重屯分守沿邊關
營各有城總要處立一指揮提調關據極邊孤長
城之衛營居關内爲應援之用
大寧既棄則開平興和不容於不失宣德中移守獨石
勢然也土木之變獨石八城俱陥獨石馬營堡一
帶北當桀鄰東際三衛所恃長安嶺横亘爲難直

下惟太白陽萬谷青邊柴溝洗馬林渡口可折墻徑入此正統所以有土木之警也

邊關圖說　翁萬達上谷畚魯代草

謹按所圖形勢起宣府東路之四海冶迤邐而西歷北中二路抵西路之西陽河爲大同界大同東路之東陽河迤邐而西歷北中二路抵西路之丫角山爲山西界山西之老營堡迤邐而西歷水泉偏頭抵保德州爲黃河岸界而止計一千九百二十里有奇皆逼臨虜巢所謂外險也又老營堡轉南迤邐而東歷寧武鴈門北樓抵平刑關又迤邐而南而東爲保定界歷龍泉倒馬紫荊之吳王口插箭

嶺浮圖峪沿河口又東北爲順天界歷高崖白羊
抵居庸而上計二千五十里有奇皆峻山層崗所
謂内險也兩險截然固天之所以限夷夏者然自
正統以來胡虜窺兵屢恣干擾邇且結陣長驅遠
薄汾沁全晉爲背邊議日興豈共險固不足恃邪
潰廢大防由來者漸有險不設同于無險故設險
云者因地形而經紀之以人力者也内倚諸關間
增崇垣外築崇垣長邊絶漠綿堞百萬諸羨欲獘
比之金湯我
皇上今茲所宏創皆前未有者也邊臣自是始可以言
守矣是故善守者不戰而屈人之兵者也過秋分

邉内卒協戍外邉備膂力全彼此受益豈特變通
是爲善經迺若禦冬防河成規具在又足援矣云
慮險設而不守與雖守而無其便也先令小疏刺
列款目期于可久蓋亦頗詳俟之將來脫有不虞
嘗在意外夫天下之事效成于其始而廢于其終
邉工動費
帑金役勞大衆其成之亦云難矣臣愚欲責宣大山
西撫鎮諸臣以交代法巡按御史以閲視
進圖法則玆垣也庶乎其有永矣雖然重藩疊嶂險
在地者也謀臣猛士險在人者也慄慄危懼毋流
循玩險在心者也擴探本之思延却顧之策此臣

所係望於億萬年者未已也

謹按所圖外邊墻詳矣而畧於內諸關者以外邊特重又墻方鞏完而諸關不與也三鎮邊墻亘連一道其居然而內布者城堡也雜然而外環者墪與窖也亭然者墩巍附而穴通者臺與隧也增舊爲新缺一不可謂必如此而後可守若我軍視虜聚散衆寡疲逸勇怯疾遲之勢不無當也虜人多食少工格鬬喜抄掠彼以爲生之道在是也大戰則大利小戰則小利不戰則不利較得算者我十一而虜十九也是故我以必守爲勝而匪墻焉鑪幕鄰邇揮鞭山陵結陣川灘朝發夕至倏如雷風前無

抵拒後難退衆豈不戰守失據哉今墻完而戍者領者因而食者備秋林會而墻立而營屯而首尾應者虜不得而輕視也設虜以數萬來侵必塞窖賓塹而後及墻而仰攻亦難矣墻臺我專披堅鱗集矢石並發砲火遠及虜亦豈能飛度哉臣故曰自是始可以言守也而猶不能不𨚫顧而長慮者傳曰地利不如人和又曰在德不在險斯二言者至言也

總督侍郎翁萬達曰宣府大同外連極塞以扞蔽乎内山西保定内峙諸關而藉庇于外故四鎮均爲重地而宣大急焉宣大宜以戰爲守擇要而屯兵諸

關宜以守代戰畫地而聯戍又曰大同川原平衍易于長驅且與保定山西相為唇齒大同不靖則諸關亦遂騷然

又曰虜入陽和則白登村為屯兵之所足以南遏順聖之驅西援天城之急又萬全左懷安衛屯兵則虜不敢東而大同鎮兵自西出塞外邀擊之一奇也

邊土

夫自石晉割棄邊土之後知天險不可失而銳意徙之者三君周世宗宋太祖太宗是也世宗以不世出之資屢勝之將淮南既定大舉北征水陸所前無不克捷瓦橋之屯浸浸舉矣而一疾班師卒以

大故其失天時矣乎太祖之時北漢未下勢必先
之而太原之圍駐軍甘草地積日既久疾疫時生
且引水灌城不知俟涸介卒班師至爲敵襲其失
地利矣乎太宗乘破漢之威兼兩朝之富決意用
兵數道深入然以陣圖制勝諸將無便宜之權分
道進師軍中與較計之論則所謂人和者復失之
矣蓄謀百年銳志三舉卒皆無成爲天下困是後
宋人以用兵爲深諱視契丹如虎狼引而避之惟
恐或後和議遂堅牢不可破僞畧如寇準亦不過
爭一禦戰以示武于天下少求數十年之安而宋
人已震懾搖撼以爲置其君于孤注也自後歲幣

不已遂至于括金括金不已遂至于割鎮割鎮不已遂至于遷都遷都不已遂至于納土而宋亡矣蓋自幽涿之師潰宋人日咎用兵之失謀而不思自強之有道日罪邊將之生釁而不思天險之宜後日恃和議之足憑而不思虜欲之無厭陳用兵之善者如范仲淹李綱宗澤之賢竭爪牙之力皆如岳飛韓世忠吳玠吳璘之勇舉不之信主和誤國如秦檜者至安享富貴老死牖下聽受其説莫可排解千載遡論其何能無扼腕也

宣府大同

宣府飛狐紫荊控其南長城獨石枕其北左挹居庸

之險右結雲中之固足稱重鎮也但阻山崎道守
力亦勁西達不能統而東下榆林以西虜入止以
防守迂道腹裏勢不迫敵患在大同爲華戎捷徑
直抵紫荆更無重險

大同東連上谷南遶并恒西界黃河北控沙漠實中原
之保障也但兩重鎮勢相依倚大同之患大宣府
之患急據無重險而險在兩鎮之内此外沙漠一
望故居庸紫荆倒馬三關雖係腹裏而畿甸密邇
鴈門寧武偏頭三關雖屏大同而切於套警爲太
原緊要之地

大同天城陽和一帶漫無險惟隨處有深坑天成亦能

大同城群貨所聚力商命存且藩殿森立而守戍益奮
　警虜耳
　故韃虜屢圍不能破
順聖川東西二城為宣府奉地且邇大同陽和天城失
　守不惟警困都邑抑為宣府切近之災
天城陽和直北一帶有哈剌嗔哈連二部哈剌嗔大酋
　把荅罕柰哈連大酋失剌台吉各雄卒三萬餘恒
　寇宣大
宣府地沙瘠涼寒為甚米斗銀一錢五分麵斤銀二分
　五釐率為常時有騰價不止此
趙克國將四萬騎屯緣邊九郡匈奴聞之引去九郡五

原今靈州以西之地是也朔方今華馬池以東是也雲中今大同代郡今蔚州廣昌靈丘之地鴈門今朔州馬邑定襄今定襄北平今永平昌黎上谷今宣府居庸昌平漁陽今薊州平谷乃北邊六大鎮幾四千里戍卒二十餘萬虜人往往入寇至不能敵而充國將四萬而分布之使匈奴畏服而引去豈非將在智勇卒在精而不在多耶

上谷今宣府

論曰上谷故燕屬也風聲氣習與趙代同然春秋之時北燕罕與會盟其在戰國燕亦最稱削弱破于山戎而齊桓置之并于齊宣而樂毅復之其時不聞

有上谷以為重輕也蓋自涿鹿遷都釜山罷會葷
粥漸遁疆場不支夏后之所徂征商周之所荒斥
亦岌岌乎難矣夫夾輔周室號稱賢聖者非太公
召公乎而太公封齊召公封燕不以為遠且陋也
太公之齊國也未至而萊夷爭疆召公之循行阡
陌也每每舍宿棠下不敢輕煩其民以和其國則
當時之所以披荊棘與敷化殖中國攘外寇者亦
既勤矣而東胡之盤據于西山戎之跳梁于北無
能一旋而空之彼時上谷烏能為燕有邪且燕之
破于山戎也惟南仰齊捄而不西假晉援蓋亦以
三胡阻隔無能為通耳夫以區區之燕而雜居于

三胡之間譬之病夫甕以千鈞壓其首復以百鈞絶其肩其不至于匍匐就斃也者幾希得四十四世而亡甘棠之澤也嗟夫西北東南天地之大分也形勢既殊資稟亦異而隣戎之遼遠罹禍之深淺又不相同以故幽薊專侈靡而上谷崇剽悍幽薊盛管絃而上谷衽金革幽薊喜客遊而上谷食死士上谷之有無豈不足爲燕重輕哉以今觀之不始禍不助惡不亡本不染夷上谷亦美習矣何者漢初之亂也以臧荼盧綰東漢之亂也以彭寵漢末之亂也以公孫瓚唐初之亂也以高開道唐末之亂也以劉守光宋初之亂也以石敬塘宋末

之亂也以郭藥師釁起他方不始禍也榆関敗于
阪泉蚩尤戮于黎谷拒五校之冦斬彭寵之使公
孫僞置則共殺其長吏劉琨合衆則自挨于中山
舍逆取順不助惡也立卒史以存燕謁盧奴以從
漢納劉虞以歸仁挾符丕以念舊請分鎮以藩唐
競歸正以尊宋情鍾故主不忘本也葷粥遂而釜
山之符合秦關用而東胡之跡奔造陽棄而邊圉
之守固胡市關而青冀之力蘇嬀州置而突厥之
難息生口挼而左袵之心革義存外攘不染夷也
是故得之者興失之者亡光武以共功名克用以
威河洛匪止爲輕重也雖然地處極邊禍生所忽

絶徼之武不繼則東胡肆陵里閈之恩不終則匈奴構釁烏桓之居不謹則疆事日增吏民之徙既南則毡幕内逼鮮卑貊人將豕突于北平索頭趙勒亦乘發于廣甯千載而下蓋有不得玩其機而失其勢者矣我

國家聯宣大爲一身通河隍爲右臂可謂備冀北之輿圖極金燕之形勝也而大寧之戍不存開平之都久失三韓遺種孰非野心是故謹微漸者往往有自西徂東之慨也

興和形勢

興和在萬全都司野狐嶺之外其地遠望若高阜至則

又是平地乃陰山之脊其地甚寒過一鳳凰山山
之西南有沙城又度數山岡便至興和元號爲中
都地宜牧馬亦可樹稻麥元氏居民甚盛
國家於宣德開棄興和退守龍門北虜屡蹢野狐嶺
直過宣府興祖鎮大同以師伐之豈爲窮兵黷武
者哉蓋燕築造陽之郊秦塹臨洮之險王覇驅逐
上谷諸胡之意也我
國家定鼎幽燕宣府是其北輔過野狐便爲狄境然
則從興和退守龍門者不亦有罪而今日所以圖
議收復以爲宣府之蔽而奠神京萬載之安可容
緩哉鄙意以爲宜令獨石龍門赤城雲州堡諸軍

出攻開平桓州興州宜興仍以萬全懷安等衛之兵由宣平德勝踰野狐嶺肆掠興和中都直抵哈剌罕西傍藁駞之下山阻陟澗之險俟獨石草軨定桓興之辰然後舉出屯守哈剌罕之衆行牧忽牙撒里禿諸虜徑至夔泉海與獨石諸軍共會開平則兩軍勢合威振無極東北諸胡定矣或疑東北諸胡鳥飛鼠伏冣爲無常而點集夜分並乘人弊未可以必取勝然不知胡虜固善乘弊然吾師旅所至二里之外虜不敢近何弊之可乘且吾師之入胡地求虜如求亡子固無慮於乘弊亦無弊之可乘矣夫開平桓興東漢上谷口之地去獨石馬營

等堡僅三五百里自開平徙入獨石遂失桓興興安宜興肥要邊地夫此數處賀仁傑賀勝嘗爲開平尹元主春秋行幸其三縣所出足供委輸興和一帶最宜田牧其開平四日之程則有玻璨谷諸要興和四日之程則有哈剌罕之險哈剌罕者即五雲關也關内諸山古稱陰山之脊深塹澗壑宛然天成嗚呼守玻璨以衛開平戍五雲以固興和大興耕牧以息京郡轉輸勿貪邊功以富守關之卒則東北永以不聳萬全勢重而京師益壯矣嗚呼審時度勢比德量力將無待耶

豊州搜復

豐州在大同府西北五百餘里高闕牛頭朝那三受降
　城東勝衛治皆在焉我
聖祖嘗建東勝衛治其始也據三城以衛河套寧夏榆
林其中也舍三城而衛東勝已失四面之險及卒
也又撤東勝以就延綏蓋自孤山以至花馬池高
橋三面城守地延兵分勞費不可支矣昔漢武帝
用主父偃張騫之計於河南則立郡城而阻大河
雖有久戍之弊甚爲朔方久賴之防我
朝自受降城捐棄東勝爲墟戎虜南牧之馬不惟震
動延綏寧夏而且將及邠州涇陽然河套千里虜
據水曲山阿之便多無城堡壘塞之設或云以銳

師三萬搜掠其套繼以邊軍以振其後若令朔州天城陽和威遠安東之兵出收東受降城以延安吳堡綏德孤山栢林榆林及寧夏花馬池黑山興武河西諸塞之戍出收中受降城西受降城必封官山而守大磧屯降城而阻餘吾烽真水而斥草心肥饒之地可以足軍孳牧之饒足以厚民轉輸省民力寬卒伍亦蘇息矣真水　心山又在降城之外昔張仁愿築降城遣部將論弓仁將兵屯真水草心山以爲羅城衛乃可築嗚呼此必食足兵强乃可經畧今無其人談之未易易也

東勝

國初置東勝諸衛然多事草創什伍虛耗至是虜寇
擁逼
詔徙諸衛內地遂棄東勝於戲此我
朝不復四郡之實也蓋嘗論之有二失焉洪熙宣德之間玩常而不思其變景泰天順之際守近而不謀其遠由是偏頭隣于犬羊而全晋以北单矣豈惟全晋五原雲中趙武靈所欲下甲咸陽者也此而不守則右臂断全陝危矣可惜甚哉必保公極力于獨石而不注懷于東勝其意何也

垣塹窖三險議

夫自兩年多事虜騎馳突中國困于格闘疲于奔命于

是守境之議興設險之法講矣然所謂設險不過三者曰垣曰塹曰窖而已築土爲防曰垣鑿地橫亙曰塹間鑿間否形如品字有隆有伏互相倚伏曰窖夫設險以止虜驅其傚于秦皇乎秦皇起遼東至臨洮爲長城所謂垣也而曰塹山湮谷則亦塹窖之始也夫天作高山以爲華夷之限人于其有餘不足者少損益之斯亦裁成輔相之一端也而論者懲于秦失執不肯舉是非膠柱之談也邪夫秦之亡也極其威刑無有膏澤務末而不恤本又從而無已時也乃若長城之畫則固朔之遺謀趙武靈燕昭之所已試者也使秦人務農恤民懇

關塞下罷五嶺百粵之師無驪山阿房之役專力事此期以百年將今日賴之矣而何言之爲謫邪秦以後勢定于一統時可以有爲者三氏漢唐宋也漢乘秦弊以嗇廢食謀臣策士但知奉幣嫁女爲和親計而于秦氏壘成之功不敢一出諸口何着人心懲創爲戒正深惟武帝奪陰山置朔方稍稍脩亭障爲守而一廢于呼韓之保塞再廢于建武之徙民蕩然蔑矣唐太宗倡平胡之論以拒群臣之請宋太祖積內庫之縑以贖燕雲之地一則狃于勝而不屑爲一則限于地而不得爲于是唐末多夷狄之禍而宋以此亡矣嗟夫掃腥穢之風

復冠屨之正千數百年乃有今日則夫重戰而慎守設險而永利顧不在今日耶然是三者則垣最可恃窖次之塹斯下矣何者固高遠眺敵無所逃乘險下拒已易爲力此垣之功也若夫塹則沿守者無所依蔽眺望者不獲遠施嘗計一虜挾一束芻則萬虜塡刻之際可平數丈也曰窖不懼于芻歟又曰窖有隆伏平之亙難

三受降城

初朔方與突厥以河爲界河北有拂雲祠突厥犯邊必禱祠下至是默啜悉兵西擊突騎施仁愿上言請乘虛取幕南地于河北築三受降城絕虜南寇路

唐休璟以爲两漢以來皆守河南築城膚腹中終爲所有不便仁愿固請詔從之仁愿因請留歲滿戍卒助工咸陽兵二百人逃回仁愿擒之盡斬城下軍中股栗後者盡力六旬而三城就以拂雲爲中城東西城相距各四百餘里各據津要又于牛頭朝那山北置烽堠千八百所自是突厥不敢度山獵牧减鎮兵數萬

三受降城在今大同西北數百里東城漢雲中郡地中西城五原郡地此唐人渡河置城以保河南也夫河南之地沃野千里其爲中國利甚厚故古人重之然其始全于趙武靈而失之楚漢之兵爭繼復

于漢武而矢之晉魏之胡亂夫破義渠開上郡者秦也而陰山高闕之塞就則河南之要領無虞徙豪傑實新秦者高帝也而朔方金城之郡置則匈奴之右臂斯斷是二君者其爲謀甚勤爲功甚大而河南之地值此亦可謂大有遭矣然楚漢之兵爭而匈奴遂南晉魏之胡亂而赫連竊據豈非地里近胡隔遠中夏守之者難防而伺之者易入關之也曠時而淪之也不終朝邪迨夫隋城太利唐樹思摩其于要荒愈不之講仁愿此舉壯志勤與渡河置城古跡頓復夫扞堅者獸全羅密者蔬茂屯河外之戍以迎戰謹沿河之燧以屯田無事則

河南之地足以供三城之需有事則三城之戍足以爲河南之防可謂策之上也論者疑其舍險不據置城虜中而不知兵事有進機不容變退處河南則長河與虜共之一有警備耕屯俱廢已爲守之下較矣況進取邪雖然仁愿城受降有三可乘焉默啜敗亡之餘植根未深晚歲昏惇部衆解體此其勢可乘也西攻駝施悉衆以往曾不留守以虞我師此其時可乘也唐自太宗以來威震四夷總管出塞捷奏日聞瀚海燕然都護布列此其力可乘也合三可乘而重之以仁愿之知兵好謀馭軍有法版築興而役不稽期適逃戮而朝無異議

故能孕秦漢之遠踪建朐衍之長策三城之就如一日也雖然開元款塞復處河南元和置城遂移天德則在唐人已不能繼其武矣於戲可易言之耶

河套議　　總督翁萬達

蓋聞智者之圖事也揆理以立本審勢以達用是故理有所當盡而機有所宜察志有所必奮而謀有所不可畧者是之不備難以慮終矣河套之地淪於虜中藉寇齎盗孰不爲憤然以今日事勢論之則有當復之理而無可乘之機有奮發之志而鮮萬全之筭故不能不爲圖事者慮也何者河套本我

内地周秦以來爲國爲郡漢置朔方唐城受降扼
胡據險往跡具在我
太祖以神武定天下
成祖躬御六飛三犂虜庭其時虜既殘破我亦未暇後
遂因循棄河守山使中國之地巢穴犬羊滋其畜
牧遂彼生養狂肆駸突逼近我塞可爲深惜者也
又黄河千里乎守爲便昔人固有築城於外以規
全利者矣而乃棄之不守任其出入涉流履氷無
所顧忌遂使榆林一鎮孤懸獨立外之不足恃爲
藩籬内之無所需其供給捐天設之險失沃野之
利有志之士談之扼腕觸之衝冠蓋不能一日忘

者也然當往昔我雖未守彼亦未取不見可欲其心不動不奪所賴其争不力取之可也而我終不取之先總制余肅敏公置鎮榆林亦有志斯舉矣然套終不復鎮則空置開墾無閒轉餉難繼不有其利而當其勞事之不悔者也今虜已盤據其中資用其産譬之爲家成業久矣又控弦之輩視昔爲强一旦復之無迺難乎故曰有當復之理而無可乘之機有奮發之志而鮮萬全之筭也請極言其故孟子曰天時不如地利地利不如人和夫天時者非止時日支干孤虚王相之屬也敵有勝衰我有强弱以强值勝僅足相當以弱值强是謂無

策夫漢武雄斷天啓衛霍不世之將也絕幕四出
不能一屈單于之膝成哀短祚內釁且生而呼韓
稽顙願保藩北是何也漢武值其勝強成哀際其
衰弱也是勝衰強弱者天所謂時也地利者非止
險阻城池山谿疆域之屬也馬步兵刃各有所宜
主客勞逸陸步異狀韓信背水置陣死地以生魏
武舍鞍馬與吳越爭于舟楫之間烏林削跡是何
也韓信以死地爲生而得其逸魏武舍中國之長
而困于所短也是長技所宜與主客之勢者地所
謂利也人和者固所謂得道多助也而事體利害
之緩急人情好惡之向背萬有不齊不可以不慮

也夫人情莫不愛其親然負米以致其養與遇變而捍其患緩急自有不同人情莫不愛其身然一勞以求其逸與暫息以休其體向背亦爲殊等衰先王之乘舟不如死則取艅艎者必濟義兵謳歌思歸則定三秦者易爲力也故曰萬有不齊不可以不慮也我

國家拯天下於胡元

天威所及雷擊風掃遺胡遊魂僅存喘息年來收養殘穢燕之虜我生口日滋月息即今吉囊俺荅部落動號十萬視昔之奔命窮荒不見馬矢者勝邪衰邪強邪弱邪而我承平日久軍政多偷三五年

來雖賴上下協德中外一心漸次振舉而其竭籌慮耗財用奪工業也不少矣回視

二祖之時其勝衰強弱又何如耶是揆之天時未見其可也河套舊固中國地也陷虜日久間諜罕至虜不屋居畜牧其内其山川之險易途路之紆直水草之有無我不可必知也提軍深入其境能無虞乎夫塞以内我中國地也將領講求其形勢卒伍記諳其要害尚未能悉而況塞以外乎今我勞而往彼逸而待我馬出塞三日而疲彼騎遍野一呼而集得有小利歸途尚難倘失鄉導全軍何賴數萬之衆緩行持重則虜備益嚴疾行趨利則輜重

在後且尅日有定期裹糧有定數虜遷徙靡常則戰無定地遠近不測則戰無定期一戰之後虜或保聚或佯爲遊遁笳角時聞壁壘相待已離復合終不渡河而我軍于此戰邪退邪兩相守邪數萬之衆出塞亦必有數萬之衆接之否邪有驍将以通糧道否邪保無標掠不至匱乏否邪是皆至難而不可任者也夫馳擊者虜之所長也守險者我之所便也騎兵利于馳擊而火器利于守險者也舍火器守險而與之馳射突擊于黄沙白草之間得邪失邪是接之地利未見其可也夫塞下兵即塞下人也墳墓廬舍先人之所營妻孥眷屬骨肉

之所聚禾黍桑麻業產之所居牛馬牲畜身養之所供迫于兵刃怵于生死尚每每退怯以煩上人之督責令驅之于無人跡之地限之以甀可盡之食要之以難必成之功苦之以不即罷之役恐之以將徙居之禍而欲人之和得乎是又不可之大者也議者欲整六萬之衆爲三歲之期策春夏馬瘦爲虜弱而我利于征秋冬馬肥爲虜強而我利于守春蒐于套秋守于邊三年三舉虜必難支待其遠遁據河爲守是固一說矣然天時物性不相遠也秋冬虜馬肥矣而我馬不亦肥乎迺止利于守耶春夏虜馬瘦矣而我馬不亦瘦乎迺獨利于

征邪夫春夏馬瘦虜誠弱矣雖不能入寇而坐以待我懼其擾擊我也秋冬馬肥虜固強矣既能為寇則多方謀我懼其報復我也六萬之衆非所以襲人千里之途非所以自逸轉聘之間情態異致歲一為之以俟三舉其可得乎一舉失利士傷馬耗議論蜂起則將已之乎竭天下之力排天下之議以俟其成乎三年三舉咸可得志虜敗而守我去復來終不渡河版築雖興則將何時已乎蓋議者見近時搗巢之舉恒獲首功昔年城大同伍堡諸邊虜亦不來深競遂謂套地可復然復套與是二者不同蓋搗巢因其近塞乘其不備勝則倏忽

而歸敗亦支持以退舉足南向便是家門壕塹城
墩為援可得徙套則深入人境後援不繼勝固艱
關敗則陷沒事勢異也夫必勝之兵有限之矢此
李陵所以失也今我之將士能為陵所不能為者
乎往城諸邊實近我土又沿邊之地虜原不以為
利故雖城邊築垣少有侵取虜不恤也套地則虜
自弘治以來據以為家資以為生四時之間三時
在內一旦欲取而有之彼豈晏然不有爭乎事體
異也故曰殺虎者易奪虎子者難奪虎子者易奪
虎穴而居者難今未能殺虎而奪其子處其穴得
乎夫先據北山將勇者勝趙奢之所以得也今我

之將士能爲趙奢之所爲乎若曰伺虜出套據河爲守先將渡口及可以履冰道路稍築墻垣以次移置邊堡于沿河如昔年總兵官周尚文所論似若可爲而不知套地虜之巢穴各有分地豈有空套以出之理二千里沿河之地其間可渡應防道路不止百餘築垣爲限豈時日可完移置邊堡非百數十不相聯絡堡置兵非千人不可而遊徼瞭望哨守者不與當三十萬衆不止也布置未定而爭穴之虜至矣況我邊去河動踰千里一年之食爲數億萬此亦未嘗深細思慮者也然則套地終不可復乎曰事變之來至無常也要之君子不可

有徼倖之心夫秦之所慮者胡而終秦無北邊之警漢之所備者胡而中葉有款塞之順事變之來孰能逆覩

聖天子在上

文德日脩

天心助順將來虜之勝衰強弱虜能自保耶自相攻擊如匈奴之南北荐遭疾疫如先零之殄滅豈無期也彼有其隙我乘其弊套地之復此其時乎謹我塞障飭我戎備和我行伍固我元氣以俟其隙爲計之得也故曰知彼知己百勝之道也若不察虜勢之強弱不審事情之難易不瞭我力之有餘不

足使塞下之民迫于備邊者喘息不獲定沿邊之
卒傷于鋒刃者瘡痍不獲起而復横挑强寇以事
非常則愚所未解者也
虜之爲中國患舊矣蔓延至於今日甘寧延固大遼之
間凡朔漠邊徼皆其所走集也頻年犯内地
國家坐受調輓築守之困不已將何所終哉今者城
宣大則已捍紫荊居庸三關之外户矣然則延固
爲之柰何延固不守則全陝未可知也矧於甘肅
孤懸何有哉是故修邊復套之議籌邊者之壯猷
也夫邊不修套不可復破屋禦寇是也套不復邊
不可守伺門踰垣之寇是也然則二者將並舉乎

曰罷民以築之入捐死以捍之不可也然則復套
爲先乎曰遠勤以奪之又露師以守之可復也不
可守也守在河乎曰河可守也不可乂也然則修
邊爲先乎曰先爲聲以恐之形以碎之乘其不擾
而繕之故全也然則套終不可復乎曰套爲吾故
地不闢有收復河南地者乎法曰役不再籍糧不
三載是必役之不再糧之不三計料定則復之矣
然則河終不可守乎曰河爲吾險也不闢有距
河爲守者乎法曰因用於國因糧於敵知己之可
足知彼之可因計料定則守之矣曰修邊正也其
爲力也難集役難也會值難也土青難也復套奇

也套復則一舉而獲數十年之安其爲效也事半而功倍是則然也若曰集役之難因其歡而募之其來也若趨若曰會值之難夫邊者

朝庭之邊天下之邊非陝之邊也合天下之力以爲之其計也若不匱若曰土膏之難則余肅敏之所脩者其畫圖者嚮因舊以爲新因下以爲高則用力少而成功多其難易可知也若夫將有戰志士有死心知己知彼知天知地堂堂正正之師可以長驅直搗而收犁庭掃穴之功亦何所疑憚而不爲哉然則復諸己乎曰邊未修也則量進以便修邊之防無靳重費焉邊既修也則大舉以决守河

之策亦無斬重賞馬夫然後以數年之所休養而教聚者則所謂已成之兵已全之力已孚之心可以一舉而進戰斯守斯築斯田斯得尺則吾之尺得寸則吾之寸也守河南可也守河北可也守東勝可也屯田而郡縣之亦可也故土復而中興之業在焉故曰度功無速度成無倖議

廢東勝則大同寧夏不為援廢大寧則遼東宣府不為援以榆林援大同寧夏則偏頭關花馬池等處所以孤弱以朶顏三衛代大寧則喜峰古北口黃花鎮等處所以单薄近來益貢之徼雖小而急意者朶顏不可不設圖以處俺荅之患雖緩而重意者

河套不可不俟時而復

榆林地乏耕牧藉於河套為多河套失自弘治正德間數千里膏腴之地盡為胡虜出沒榆林由是失所養榆林之守無險可據而左右援大同寧夏甚遼雖設邊左烽墩五十陸邊右烽墩九十二而軍食兩缺連年告急然諸邊鎮獨榆林軍忠義無撓志且負勇常懷復套之憤其惟苦於無糧彼識者謂得百萬金可充恢復之用矣

河套東北曲畔乃東勝舊址正統以前尚為中國所有此以西三受降城一帶迤北虜亦克罕住牧今其為營者五曰好陳察罕兒曰克失旦曰把郎郎阿

兒曰卜爾報東营曰阿兒西营兵約五萬

河套漢朔方郡乃匈奴河南地也今爲吉囊俺荅所據

吉囊領四营曰哮合厮曰偶甚曰以哈思納曰打

郎俺荅領六营曰多羅土曰畏吾兒曰兀甚曰以

要曰兀魯曰土吉喇俺荅即吉囊之弟有遠意凡

入寇取鐵不取銀虜男不虜女見吾邊軍特與賚

之即渠夭壽卜吾民安危耳

西北重地三邊五鎮之稱皆國初制也而榆林之特重

則自正統間始所謂延綏者非邊鎮中最當要害

者歟延綏地方東連山西偏頭關西直寧夏花馬

池相距二千餘里其間有所謂黄河套者非要害

之所在者歟偏頭寧夏一帶防守在套外而虜騎乘冬河凍乃得長驅入套以伺我間隙擾我心腹則茲地也者非尤當重者歟嚮時虜擁衆來住牧吾套内或間歲或四五歲民竭遠輸軍勤久戍境路騷然不勝荼毒今既去矣患當豫防事貴先備善謀國者何以處之陝之爲邊臂扞天下延綏實腋其間守臣建白有乞朝廷無以河套視陝西而以河套視天下者厥重蓋如此而可輕受其人乎

漢武帝聽主父偃城朔方郡循秦舊因河爲固當白羊樓煩敗走日計亦非失然募民徙十萬口轉漕甚遠自山東咸被其勞費數十百鉅萬府庫並虛唐

中宗用張仁愿終河北築三受降城乃突厥默啜
擁爭之隙置戍虜庭未見其可而六旬間三城屹
然朔方自是無寇頗損費億計減鎮兵數萬仁愿
所築即漢所城郡地從此利害乃爾遂絕何哉今
不可不求其故也唐末朔方已據于拓拔氏石晉
十六州重爲遼有而宋人於此矻矻與元昊競帶
范之才有非克濟匪其罪也我朝取天下於夷狄
極德之役今日邊事大非宋比仁愿之事業其不
有在乎成化弘治間守臣請兵搜套之議相地移
戍之議遠烽堠便营屯之議或欲求禁畜牧銷賊
覬覦或欲廣立耕種資我供億衆見角持暨今未

已一代經畧豈無一可用之良策天其資斯人以事業於今日乎自古中國守邊皆將卒宿内以禦戎虜於外而茲地今日虜迺得入吾内而吾反設防守於外若之何可不求唐漢之蹟所以得失之故而爲之所也此善謀國者之所以有望於其人也

寧夏

按寧夏爲陝西重鎮衛城西南一百四十里有峽山山上有塔積一百八座峽口兩山相夾黄河經其中誠塞北一勝槩也我

國家惟不守降城東勝初恐勞人耳及後胡虜雜處

河套降城之鄙不惟寧夏不安且致固原多故矣且諸衛無積尤當要衛地遠飛輓不前災仍穀價騰踴所恃以濟亟急者常股存積之鹽耳又多不繼是以沿河溝塹營壘極爲虛弱爲將領者虜來則退縮及去則佯追失事則破調相推同事則紫黠相庇陷村堡不肯質言稍有獲張大其數口舌爲國外強中乾雖胡虜亦知之矣愚聞東勝舊地東起振武西踰雲州極於中受降城平原山川廣袤六百里原有良田一萬四千頃又如天猯金泊大鹽沒越及安豐艾山等處屯泊饒沃關中無比若驅逐殘虜尊守降城外阻大河爲固內擅耕牧

之鏡則陝西有息肩之漸幽并儼長城之壯又聞殘虜隨逐水草散居河壖鄙曲類無城塞天兵一臨勢必瓦解且其中虜酋桀詰多不相能而勢無定一倉卒兵至撓俔絆累必不能透引塞外西域諸虜以撓却我矣是故我

聖祖剏耿忠謹於防邊則安其常今乘積弱之後設長技以驅逐之則通其變

寧夏瀕河當虜衝氷合受敵至夏始寧故名今虜居套中朝夕窺伺終歲不能寧耳

花馬池一帶新墻嘉靖間王瓊所築其所賴不小

榆林餉道出魚河堡虜據此堡榆林不能支矣

甘肅鎮直北有北虜瓦剌一部住牧青海一帶插入甘肅行都司腹裏近為逋虜亦不剌住牧是一隱患也

哈密議

漢武之通西域也自世祖閉關謝質之後無善策焉我朝置嘉峪關建封限爵哈密樹藩籬盖將以觀頻迹之勢而通閉之樞在我也自夫邊臣寡策哈密失守土番入據之後甘肅已不得善其所矣恢復之計議論無已復之不便棄之亦不便何也土番專據之勢已成生聚教訓屹然一巨部也納貢互市羈縻之術全鎮藉用為休乃欲勤兵遠舉得乎合

力併謀勝負尚未可必縱使款塞而來歸我城池彼肯輕弃如脫我賈胡無厭之求不已則執詞以逞陜巴之萌孽又著矣而謂安攘得乎故以爲後之不便哈密者唐伊州故地屯田舊郡非若珠崖可捐也

國家大一統之盛珠崖盡入編户而謂伊州外之爲可乎此不可弃之名義也天下有道守在四夷封哈密封朶顔一也所以扼虜之吭而拊其背也哈密弃矣遂以嘉峪關爲寇門單弱不援而謂甘肅之孤懸爲無虞黄河爲可恃乎此不可弃之明驗也故以爲弃之不便然則可遂已乎曰外户不閉

堂奧可窺啓之危矣惟齒之寒理也無已則徙海寇奪哈密一策也不然徙帖木哥歸沙州亦一策也或曰窮虜可徙徙海寇便也曰海寇者套虜之仇也遺孽餘喘又嬰以土番之獷悍而謂其不北走焉支南走祁連不可得也矧夫饑則求附飽則颺去顧乃資其望風欲逞之羽翼哉徙海寇不便或又曰徙海寇徙帖木哥一也巢穴既成勢難搖動懷土重遷情也徙帖木哥亦未便也曰帖木哥者罕東番達內徙白城沙州其故土也完城沃壤土番以耕穫之利醢涎焉久矣爲帖木哥者豈能一日忘情哉一也近聞之彼種有登石關兒望沙

州則欷歔慟哭而去是其桑梓在念水木本源孰謂犬羊無人心哉二也番酋日事讎殺漸覺衰弱况又邀竊市貢我制其命而帖木哥之力亦足與之抗三也海寇依附回夷議昏議援而彼族有紅帽兒者相與犄角則其所念在彼所避在此昭然矣四也内徙迄今方二十年其故老猶存召而諭之啓其天性示之恩義給之粮餉假之聲勢則其墳墓廬舍田園舊思勃然矣若曰事體重大遲四十年之後則壯者老老者斃後來者冷落鄉國之念機會斷不可圖五也故以為徙帖木哥便帖木哥徙矣銷内變植外禦控土番捍肅鎮沙州形勢

西鄙鞏防在焉則又何以哈密爲我作哈密議

安定

洪武七年秋有安定王遣使貢鎧甲刀劍等物遂賜以織金文綺四疋仍詔其酋長立爲四部各賜以印曰阿端阿眞苦先帖里謹按安定阿端阿眞苦先帖里與瓜沙赤斤蒙古曲先海西等處皆古燉煌之地數處之中沙州爲要盖其州有玉門東倚三危北望蒲昌其去哈密土魯番尚餘八百里昔漢武用主父偃張騫之計於河西據二關而列四郡

我

國朝鑒其遠戍勞民之害而務廣德不務廣土之意

邊地封付番酋沙州徙于嘉峪及後戎虜猖獗關隴騷然乎彼此猜疑連結未固我若以甘州之兵東臨罕東又由罕東西畧安定阿端曲先而夾以西寧衛之兵行定赤斤以臨沙州而肅州屯堡之衆亦奔赴之則東西合勢而玉門陽關可復由是內開四郡之屯外和西域之虜則關隴安枕幽并亦奠矣和戎五利晋悼行之而卒以復霸古今戎狄相擬以兵戈必殫詐力開關以互市遠近鼓舞唐時西安北庭戍卒之費俱取玉門陽關柘關商賈之征按柘關關外渡白馬河西入俱毗羅阿謀城以至思渾河砂城及于闐之大石城古有赤山

碎卜賀臘碎葉之西又有朱國新城頓建阿史不來俱蘭稅建怛羅斯史德龜茲達幹踈勒水城段芦岐山赤河坎城蘭城胡砮固城古之城到支滿演濟州鑑陀譜闌皮山姑墨焉耆于衍榆林龍泉東夷僻西夷僻赤崖安西凡此四十處唐時置有城鎮今皆爲番部落矣以言陽關之外若蒲昌伊脩石城砮支時勒井渡且末滿仙悉利支井勿遮移祉彭懷東蘭凡一十三處亦番落也以言玉門西去哈密尚餘八百里其哈密火州諸處古有羅護赤亭赤谷長泉龍泉蜀山凡六部南平安昌礌石銀山盤山張三新城又陸處則爲土魯番其柳

沓金沙七屯三部亦皆屬之其瀚海清海神山沙
鉢焉洛耶勒俱六輪臺張堡烏宰清鎮葉河黑水
東林西林弓月埶失密伊麗九一十八處唐時城
堡衙署今悉爲諸番衙帳若自羅護經茨箕駝泉
西華東華獨泉納職三百九十里之延而茨箕等
六番處其内自羅護西南逵荏草堆以至赤亭則
哈密吐魯番之道又通若自羅護西北上乏馬嶺
又經蒲類六十里直至北庭由是觀之赤亭當其
衝羅護總其要哈密火州碎葉撥換龜兹北庭安
西六大都會尤爲西域諸部内外形便今皆沒於
戎虜而不可復矣其鸊鵜山之外只有麋霞麞錯甲

山鸞子井窑粟達旦野横泉諸胡若幸引醜類并力并凉不惟甘肅延綏寧夏大同莫克支持而燕幽關西雲朔亦爲難守矣元起土剌滅國四十以及西域自西域及西夏侵軼涇陽則領北郡非吾有自渭之襟則長安三輔不能存長安外擾則同華自危同華既危則陝藩必裂陝藩若裂則虎牢汾晉必舉而天下紛紛矣又嘗考赫連渤奇涅温猾夏兵跡而覺我西北邊陲虛弱竊亦欲拖吾長技乘虜攜貳搜掠河套海西以後降城玉門舊塞然後守關息民大通互市吾見商賈叢集物貨俱華待以寬恕而加之誠意久之西域漠北番胡做

劾積以歲年有增無減因而起例抽分以供戎卒是不煩內地寸兵斗粮而可以坐守邊關豈特唐人能享其利而我不若哉且天下極有可詫之事交廣漳潮路去西域不止一萬五千里往牒所載往往有西域商賈來于交廣其交廣水商亦有潛往西域者蓋自海道以通雖險而實近并涼商賈若往西域必自柘闕陽關玉門以出雖無險而路則遥也

甘州古張掖郡肅州古酒泉郡極西北重鎮北倚合黎山山丹界甘肅之中焉支山在山丹東南五十里祁連山在酒泉張掖南連亘一帶古匈奴失此地

嘗歌曰亡我祁連使我六畜不蕃亡我焉支使我
婦女無姿故

本朝設行都司於甘州而以肅州爲都司門庭肅州城
西六十里爲嘉峪關乃羌胡要塗關外即沙州衛
古三危山在焉有羈縻六鎮古燉煌地土番居之
西北有鎮夷所尤孤危其地雖險可據但溥於塩
利華夷賴之恐爲必爭之地

哈密乃六羈縻衛之一翰蔽肅州爲西北番襟喉洪武
中封元孽忠順王賜以金印成化九年土魯番阿
力王侵陷虜去金印二十年立其國都督罕愼弘
治元年阿力子阿黑麻復陷之殺罕愼四年以地

及金印來歸五年詔元裔陝巴者立之六年阿黑麻復虜陝巴金印以去八年許都御史進計結外蕃小列禿等及赤斤諸衛兊復之九年阿黑麻復襲哈密破之十年以陝巴金印來歸陝巴酗酒掊尅不能立國哈密屬夷怨之十七年哈密頭目者力克哈辛往土魯番迎取阿黑麻次子真帖木兒來守哈密陝巴知之走沙州尋送陝巴至哈密正德元年陝巴卒子拜牙襲八年哈密人來告拜牙不善主國拜牙懼奔土魯番十一年土魯番令火者他只丁牙木蘭朵據哈密且入嘉峪關殺擄無筭嘉靖三年土魯番統衆入關抵甘州攻劫四十

日而去四年牙木蘭據守哈密八年土魯番納款

通獻還哈密然今亦空城無守徒係虛名無補藩籬

之實矣

甘肅以西番達相界北亦不剌阿禿窟居西海實入西寧

西境（西寧附地方番帳九千餘一十三大族）番人漸以南徙中國茶

馬之利太爲熾失今惟河州洮州二司有賴耳

甘肅鎮自蘭州城起至嘉峪關幾二千里一綫綿延孤

立西控吐蕃北隔胡達南蔽羌戎歲靡邊費巒憟

日持苟非宇宙一體之心自認爲王者不容已之

事必輟而弗之理也

吐魯番自肅州外西寧而南至雲南西北之境皆其地

洪武初立爲烏思藏等都司衛所宣慰宣撫等司凡三十三以羈縻之歲通朝貢不爲邊患一有警遣西僧諭之即已其岷州洮州河州在陝西境者舊亦吐蕃地今久內屬惟羌南近四川松潘者地險人頑尚數生梗所宜區計

黄河源

世祖皇帝至元十七年歲在庚辰欽承聖諭黄河之入中國夏后氏導之知自積石矣漢唐所不能悉其源今爲吾地朕欲極其源之所出營一城俾番賈互市規置航傳凡物貢水行達京師古無有也朕爲之以永後來無窮利益蓋難其人都實汝舊人

且習諸國語往圖汝譜授招討使佩金虎符以行
是歲四月至河州州東六十里有寧河驛驛西南
五六十里山曰殺馬關林麓窮隘譯言泰石答班
啓足寖高一日程至嶺西邁愈高四閱月約四五
千里始抵河源冬還圖城傳位置以
聞上悦往營之授土蕃等處都元帥仍金虎符置寮采
督工工師悉資内地造航爲艘六十城傳措工物
完闊闊出驛聞適相哥征昆哥臧不廻力沮遂止
翼歲兄都實旋都河源在土蕃朶甘思西鄙有泉
百餘泓或泉或潦水沮洳散渙方可七八十里且
泥淖溺不勝人跡逼觀弗克旁履高山下睎粲若

列星以故名火敦惱兒火敦譯言星宿也群流奔湊近五七里匯二巨澤名阿刺腦兒自西徂東連屬吞噬廣輪馬行一日程迤邐東騖成川號赤賓河二三日程水西南來名亦里出合赤賓三四日程南來名忽蘭又水東南名也里术合流入赤賓其流寖大始名黃河然水清人可涉又一二日岐裂八九股名也孫斡綸譯言九度通廣六七里馬亦可渡又四五日程水甚渾濁土人抱革囊乘馬過之民聚落糾木幹象舟傳毛革以濟僅容兩人繼是兩山峽東廣可一里二里或半里深叵測矣朶甘思東北鄙有大雪山名亦耳麻不莫刺其山

最高譯言騰乞里塔即崑崙也山腹至頂皆雪冬夏不消土人言遠年成氷時六月見之自八九股水至崑崙行二十日程河行崑崙南半日程地又四五日程至地名闊即及闊提二地相屬又三日程地名哈剌別里赤兒四達之衝也多寇盜有官兵鎮防崑崙迤西人簡少多處山南山皆不穹峻水亦散漫獸有犛牛野馬狼狍羱羊之類其東益高地亦漸下岸狹隘有狐可一躍越之者行五六日程有水西南來名納憐哈剌譯言細黃河也又兩日程水南來名乞兒馬出二水合流入河河北行轉西至崑崙北二日程地水過之北流少東又

北流約行半月程至貴德州地名必赤里始有州事官府州隷河州置司上番等處宣慰司所轄又四五日程至積石州即禹貢積石五日程至河州安鄉關一日程至打羅坑東北行一日程洮河水南來入河又一日程至蘭州其下過北卜渡至鳴沙州過應吉里州正東行至寧夏府南東行即東勝州隷西京大同路地面自發源至漢地南北澗溪細流傍貫莫知紀極山皆草山石山至積石方林木暢茂世言河九折彼地有二折蓋乞兒馬出及貴德州必赤里也漢張騫使絕域羈縻拘執艱厄百罹歷大宛月氏等數國其傍大國五六皆稱

傳聞以爲窮河源烏能覩所謂河源哉史稱河有两源一出于闐一出葱嶺于闐水北行出葱嶺河注蒲類海不流狀至臨洮出焉今洮水自南來非蒲類明矣詢之土人言于闐葱嶺水其下流散之沙磧又有言河與天通尋源得織女支機石以歸亦妄也崑崙至嵩高五萬里閬風玄圃積瑶華盖仙人所居又何耶唐史土蕃傳河上流由河洪濟梁南二千里水益狹春可涉秋夏乃乘舟其南三百里三山中高而四下曰紫山古所謂崑崙其言頗類然止稱河源其間云國家敞天威亘天所覆燾無間海内外冠帶萬國罔非臣妾視漢唐爲不

足訴故窮河源去萬里若步閨闥嘻盛典也不可
不志因志之都實族女真蒲察氏統烏思藏路暨
招討都元帥凡三至土蕃闊闊出今除甘肅行省
參知政事是歲八月初吉翰林侍讀學士中奉大
夫知制誥同脩國史臣潘昂霄謹述柯九思序云
河源有志自本朝始前乎此曷爲未有志河源者
道路遼阻所傳聞異辭莫能究河之源也山經曰
敦薨之水西流注于泑澤出于崑崙之東北隅實
惟河源而水經載河出崑崙經十餘國乃至泑澤
山經又稱陽紆之山河出其中淩門之山河出其
中穆天子傳亦云陽紆之山河曰馮夷所居是惟

河宗氏釋氏西域志稱阿耨達大山上有大淵水即崑崙山也地理志亦稱崑崙山在臨羌西而漢書載河出兩源或稱有或稱無而河源所著異同况世殊代易名地亦異終莫能有究之者我太祖皇帝二十有一年春正月征西夏夏取甘肅等城秋取西凉府遂過沙陀至黄河九渡按崑崙當九渡下流則崑崙固已歸我職方氏矣憲宗皇帝二年命皇太弟旭烈帥諸部軍征西域凡六年闢封疆四萬里於是河源及所注枝出者盡在封域之内當時在行有能紀其説皆得於目擊非放也遠世祖皇帝功成治定天下殷富遂命臣都實置郡

河源故翰林侍讀學士潘公得究其詳實捜源析派而作斯志乃知更崑崙行一月始窮河源於戲當四海混一之盛聞廣見覈致數千載莫能究者俾後世有攷而傳信焉豈斯文之光實邦家無疆之休也公之子詡能不墜其先業增光而潤色之至順間以同知嘉定州事來吳將刊是書行于世屬九思叙其說于篇端元統元年冬十有一月日南至奎章閣學士院鑒書博士文林郎柯九思序

黄河九曲

黄河九曲其說出河圖絳象今録于此河導崑崙山名地首上為權勢星一曲也東流千里至規其山者

地契上爲距樓星二曲也邠南千里至精石山名
地肩上爲別符星三曲也邠南千里入瀧首間祇
龍門首名地根上爲營室星四曲也南流千里祇
龍首至卷重山名地咽上爲卷舌星五曲也東流
貫砥柱觸閼流山名地喉上爲樞星以運七政六
曲也西距卷重山千里東至維會名地神上爲紀
星七曲也東流至大伾山名地脈上爲輔星八曲
也東流過絳水千里至大陸名地腹上爲虛星九
曲也元學士潘昂霄河源志黃河九折胡地有二
折蓋乞兒馬出反必赤里也禹貢導河自積石以
此參考之絳象河圖及河源志與禹貢一一皆合

又云河叢于火敦出於崑崙九曲而入于中國
黄河四大折黄河自盐澤西來暨達潼關其面勢所向凡四大折或與北狄分境或當北狄來踣其初一折由積石而遷湟中則鄯闡也是一折也及至靈州西南遂轉北而行凡千餘里北河西岸即爲涼肅甘沙四郡是又一折也迨其北流千里而遂至九原豊州則又轉而東流故豊州北面正柱大河是又一折也豊州之東爲榆林北境固抵大河而河從此州之東又轉而南故勝州北東西面皆抵大河也自北而往直至潼關皆是河南矣此又一折也

紀畧云黄河源出朶甘思星宿海自西而東合諸河流北分為九河行二十日至大雪山遶其南折而東而北又轉而西再遶大雪之北轉而東北約二十日始入中國自貴德西寧至積石則西域葱嶺于闐蒲類諸水伏流千里出會積石經河州蘭縣東北越亂山中過寧夏中衞入陝口仍經衞境東北過東勝復由綏德州之境南流至延安府城之東北歷宜川延川縣界轉東南入降城武州西北二百五十里南入保德岢嵐石州寧鄉之西南出石樓永和大寧吉州河津滎河至蒲州西門外東歷芮城平陸垣曲至垣曲東流經懷濟源孟溫入鞏

其秦雍諸水以涇會渭前後歷龍門過河中柢潼
關東出底柱爲孟津併行入鞏至開封之原武夫
黃河流至孟津鞏縣原武前後泰塞外朔方上郡
雲中九原汾晉以及豫小大支川九十水
自祁連合黎北張掖河諸水俱北注亦集乃河而西總
入硤口穿沙磧繞出爲黑水放于南海禹導弱小
不言其所極有導黑水爲續耳
居延海青海烏海諸海子乃在磧石西傾岷山岡脊之
西之北水勢既不能東復爲山阜所扼不得直趨
以南遂成大瀦耳
凉土異物志葱嶺水分流東西西入大海東爲河源禹

所言崑崙蓋本所自出也潛發于蒲昌洛書所紀出於重野經積石爲中國河也張騫但能至大宛見河水初未達其潛發處桑欽水經曰崑崙在河水西北出嵩高五萬里其高萬一千里酈道元云崑崙之山三級下曰樊桐一曰板松二曰玄圃一名浪風上曰層城一名天庭是謂大帝之居十三州志云去北海岸十三萬里有弱水周匝東南接積石高誘曰河出崑山伏流地中萬三千里禹導而通之以出積石山海經乃云自崑崙至積石一千七百四十里又曰西海之南流沙之濱赤水之後黑水之前有大山曰崑崙又曰鐘山西六百里

有崑崙周穆王崑崙瑤池去周之瀍澗特萬有一千一百里西王母告穆王云去咸陽乃三十六萬里東方朔十洲記

方丈在東海之中央群仙所治爲崑崙山有三角曰閬風曰玄圃曰崑崙宮張華所叙崑崙銅柱爲天柱蓋本方朔神異經也釋氏西域志阿耨達山上有大淵水宮殿樓觀甚大即崑崙山穆天子所至即阿耨達宮也西爲新頭河爲天竺諸國皆度葱嶺郭璞曰似別有小崑崙

通遠

永樂七年太監鄭和王景弘侯顯等統率官兵二萬七

千有奇駕寶船四十八艘齎奉
詔旨賞賜歷東南諸番以通西洋是歲九月由太倉劉家港開船出海所歷諸番地面曰占城國曰靈山曰崑崙山曰賓童龍國曰真臘國曰暹羅國曰假馬里丁曰交闌山曰爪哇國曰舊港曰重迦邏曰吉里地悶曰滿剌加國曰麻逸凍曰彭坑曰東西竺曰龍牙迦邈曰九州山曰阿魯曰淡洋曰蘇門答剌曰花面王曰龍涎嶼曰翠嵐嶼曰錫蘭山曰溜山洋曰大葛蘭曰阿枝國曰榜葛剌曰卜剌哇曰竹步曰木骨都東曰阿丹曰剌撒曰佐法兒國曰忽魯謨斯曰天方曰琉球曰三島國曰渤泥國曰

蘇祿國王永樂一十二年八月十五日詔書停止
諸蕃風俗土産詳見太倉費信所上星槎勝覽

日本考畧

日本國者古倭奴國也天御中主都筑紫日向宮主邪摩維國尹投馬種類百有餘國奄為所屬號大倭王傳三十三世彥瀲尊第四子神武天皇自筑紫入都大和州疆原宮仍以倭為號迄漢桓靈間倭奴作亂互相攻伐歷年無主有一女子名卑彌呼者年長不嫁以妖惑衆乃共立為王法甚嚴峻在位數年死宗男嗣國人不服更相誅殺立卑彌呼宗女壹與國遂定時稱女王國逮唐咸亨初賀平

高麗稍習夏音惡其名不善乃更號曰日本盖取
近日始升之義也先秦時遣方士徐福將童男女
數千人入海求蓬萊仙不得懼誅止夷澶二州號
秦王國屬倭奴故中國總呼之曰徐倭非日本正
號也又其性多狙詐狼貪往往窺伺得間則肆爲
寇掠故邊海復以倭寇目之苦其來而防之寄也
以疆域言之東南大海中依山島爲居西南皆距
海東北隅隔以大山廣袤四面各數千里東北山
外歷毛人國到文身國約七十餘里南到侏儒國
約四千餘里西循一支乍北望耽羅渡百濟到樂
浪及帶方等群約一萬二千里以州郡言之畿内

所都有山城大和河内和泉攝津五州共統五十
三郡故曰五畿畿外所部東海道有伊賀伊勢志
摩尾張參河遠江駿河伊豆甲斐相模武藏安房
上總常六十四州共統一百一十六郡南海道有
伊紀淡路河波讚耆伊豫土佐六州共統四十八
郡西海道有筑前筑後豐前豐後肥前肥後日向大
隅薩摩九州共統九十三郡北陸道有若狹越前
加賀能登越中越後佐渡七州共統三十郡東山
道有通江美濃驒信濃濃野下野陸奧出羽八州
共統一百二十二郡山陽道有播摩美作備前備
中備後安藝周防長門八州共統六十九郡山陰

道有丹波丹後但馬因幡伯耆出雲石見隱伎八州共統五十二郡故曰七道共海曲之地又有一伎島對馬島多褹島各統二郡故曰三島其屬國則有拘邪韓國方可五百里在新羅百濟東南渡一海約千餘里曰對海國居絕島方可四百里出險多深林禽鹿千餘成群戶無良田食海物自活乘船南北市糴又南渡一海約千餘里曰瀚海國方可三百餘里多竹林叢林三千餘差有田地食不給亦南北市糴又渡一海約千餘里曰末盧國戶四千餘濱山海居草木茂盛行不見前人好食魚鰒水無淺深皆沉没取之東南陸行五百里曰

尹都國户千有餘又南水行二十日曰投馬國户五萬餘又南水行十日陸行一日曰邪馬一國即邪摩維國大倭王所都自是而東而南曰斯馬國曰已百支國曰伊邪國曰郡支國曰彌奴國曰好古都國曰不呼國曰姐奴國曰對蘇國曰蘇奴國曰呼邑國曰華奴蘇奴國曰鬼奴國曰邪馬國曰躬臣國曰巴利國曰支維國曰烏奴國曰竹斯國曰秦王國凡百有餘國小者百餘里大不過五百里皆爲大倭王所屬其新羅百濟等國雖非所屬皆以倭爲大國多珎物並仰之恒通使往來其山川則有阿蘇山其石無故火起接天俗以爲異因

行禱有如意寶珠大如鷄卵其色青夜則有光壽安鎮國山永樂初以國王受冊封境土皆入職方詔封此山御製碑文勒石于其上其國制度上下之分大較倣中國但服用政令與中國殊王居室無城郭持兵守衛寇至隨時始製以錦綵爲之而飾以金玉以天爲兄以日爲弟自任以天於天明時聽政跏趺坐日出輒停云委我弟隋文帝曰此大無義詔令改之今復如故隋志其臣文武僚吏皆世其官有大德小德大仁小仁大義小義大禮小禮大智小智大信小信十二等無定數又有軍尼一百二十員猶中國牧宰八十戶置一伊尼翼翼十伊尼

屬一軍尼魏志官曰伊支馬次曰彌馬升次曰彌
馬獲支次曰奴佳鞮以遼宋元以來道各有刺史所
屬名亦不同蓋職名隨時更張無定名也朝會陳
設儀仗樂有國中高麗二部及五弦琴兵有弓矢
刀弩攢斧甲漆皮爲之矢鏃或以骨爲之法殺人
強盜及姦皆死竊盜計財酬物無財則沒其妻孥
每訊究獄不承引者以木壓膝或張強弓以弦鋸
其項或置小石於沸湯中令所競者探之云理曲
者手輒爛或置蛇甕中令取之云理曲者手輒螫
大抵用法峻而人輕生也其朝貢自漢歷唐宋或
順或逆各有不同至元世祖招諭不從乃命范文

虎率兵十萬征之至玉龍山暴風破舟敗績終元之世使竟不至逮

國朝洪武四年國王良懷遣使僧祖朝貢七年復來以無表文卻之其臣亦遣僧貢馬及茶布刀扇等物以其私貢亦卻之十四年國王遣僧貢方物不恪卻其貢僧人發陝西四川各寺住居著為訓是後絕不與通至三十五年復來詔定為貢期十年一貢

成祖嗣登大寶國王嗣立皆授冊封自是或二三年或五六年貢無定期皆詔至　京師燕賞優渥稇載而歸是以其貢而來也于利而不于義往往各道

争先受遣之爲幸正德四年南海道刺史右京兆
大夫細川高國強請勘合遣使宋素卿貢正德六
年西海道刺史左京兆大夫太内藝興強請勘合
遣使省佐貢嘉靖二年各道争貢國王源又植嗣
位幼冲勢不能制大内藝興遣使宗設謙道細川
高國遣使瑞佐宋素卿交貢舟泊寧波港互相詆
毀宗設謙道等持忿執銳仇殺宋素卿伴遂追至
紹興所過地方莫不擾動藉使不早爲之計則寧
波幾爲所屠矣吁四夷咸賓固帝王之盛節然彼
狡者倭挾虛名以窺厚利而吾民之膏竭於供奉
吾民之命懸於鋒鏑爲斯民者亦何忍樂受其名

而不惻然於中耶

日本規制

倭人在東海之中新羅國之東南本名倭厥後自醜其名改曰日本左右小島五十餘皆自名其國而臣附之其國東西五月行西南三月行並無城郭總木爲柵以居之風土與新羅百濟相類自山東登州府文登縣成山衛絶海入鮑蓋河以入新羅自新羅歷大鎮七重真峴三處遂可以抵百濟國之熊津及嘉林任存二城此二城者尤百濟水陸之衝通此二城則日本臣服矣夫日本新羅百濟國於東海而民物阜豐金銀羨積好閑淅糖纂青衣

麻葛絲羅段疋廣川材藥銅鍋昂銚又酷慕鬼神每招約朝鮮嘗以六月間莱州定海縣之補陀落迦山賽祭觀音以邀冥福若減邊海條禁以遂商賈貿遷寬伺抽分以致其來誠意恭接以結其意平其價值以鼓貨聚則利盡東海墩堡無煙歲抽其稅不可勝言上可以益

國家之賦下可以寬東海之征沿海防倭官軍求以坐嘯矣行之數年海民慣熟因類汲類可達福餘福餘者東北番衛也與朶顔大寧建州四衛互相表裏晏爲遼東劄門之警陸路遠不可通惟自定海成山可以徑抵目今新羅而轉達穢貊沃阻福

餘可以規制朶頹而收復大寧以爲　京師陵寢磐石之壯不可視爲末務而不之究也唐置渤海高麗之使遼有大寧通吳之軍已先爲之矣東胡弓馬偏長而不敢行舟南方使舟如馬而果於殺胡異日有事大寧薊門遼東疲其東西南方舟師直擣福餘是所謂迅雷不及瞋目疾雷不及掩耳者且取利於市舶民力不費資勢于新羅日本兵卒精強何所拘泥而不早爲之邪

日本國朝貢拒納異議爲拒議者渠狼狡成性叛服不恒假貢爲寇毒擾海陸故

太祖著有成訓爲納議者倭奴爲東南夷巨鎮爲附者

百餘國王者無外漸磨聲教以淑東方蓋非以利
方物亦不計賚獻之費故
成祖詔有顯封竊謂納策爲優
太祖初不棄渠後因黨胡惟庸斥之且渠悍叛亦自有
故洪武十六年寇報十五年陳得中擒刼庭用二
十六年二十七年三十四年寇報十九年發僧如
瑤巨燭之奸永樂十年十五年十七年二十年寇
報九年太監王進索收奇貨之事嘉靖二年宗設
謙道稱兵寧波紹興止以宋素卿瑞佐爭貢自相
讐殺非故犯
國紀爲今計期限五年艘限三載人限五百留爲不

禁賞給如例拒示於柰限威震於梗命仁義兩不
廢王矣

朝鮮要道

按高麗之於渤海發台成山同一海道若自定海補陀
落迦山鎮舡歷海門劉家港三沙黑水瑯耶沙門
成山前後經沿海府州如蘇州海州青州萊州登州
寧海州文登縣已四府二州一縣矣自成山東北濟
海歷大謝龜島歆末島湖水程共三百里自烏湖
至馬石山都里鎮水程二百里起都里鎮歷桃花
浦杏花浦石人汢橐駞灣烏骨江水程八百里自
烏骨江過烏牧具江椒島長口鎮歷泰王卞石橋

麻田古寺得物四島水程千里乃抵鴨綠江唐思涌口東南陸行七百里直至新羅若自鴨綠江綠積利畢列海谷新城扶餘南蘇木底倉岩太行尋夷凡十處州城乃至高麗國渤海之地古有五京穢貊爲東京龍原府又曰柵城府領慶鹽穆賀四州沃沮爲南京南海府領沃晴淑三州女直野人肅慎爲上京龍泉府領龍湖渤三州顯德城爲中京顯德府領盧顯鉄湯榮興六州高麗則在四京之西故號爲西京鴨綠府舊領神桓豊正四州五部四十二縣一百七十六城高麗既作吾之東藩而凡鄰壤之區如扶餘府領扶僊二州長嶺府領

瑕河二州鄜頡府領鄜高二州定理府領定潘二
洲定邊府領安瓊二州率賓府領華益建三州東
平府領伊蒙沱黒比五州鐵利府領廣汾蒲海義
歸六州懷遠府領達絕富米福邪芝七州安遠府
領寧郁慕常四州其郢銅涑之三州計六十餘州
夷民皆不能外矣及我定邊建闢六十餘州之地
多爲我之臣屬

成祖征敗北胡女直諸番悉境歸附自開元迤北因其
部族爲建都司一立衛一百八十立所二十仍官
其酋長爲都督都指揮及指揮千百户所鎮撫等職各自
爲貢不相臣屬盖散黨分勢甚得大易豶豕之義

比遼人以阿骨打襲節度使金人以鉄木貞為都
統專土周旋號民禍國甚不併也故高麗事我登
恭遼左東邊高枕豈非區措之密防禦之審哉然
正統己巳之變海西建州女直諸夷嘗脇韃靼兀
良哈犯我都城之下禍比遼金其間不能以寸矣
或欲設官鎮遏立富於建州合蘭賓州忽汗腦温
黑龍哈州奴兒干十一九連城郿木川五國城等處
專管夷官襲授夷兵調發但無協扶州縣以嚴統
體則彼蠢夷輕捍且勿為紀上如之何其可也古今
有事於徼夷若多以兵爭及計其所以經營也得
不償失大都物情招濟以所願則喜心生相凝以

兵戈者則救心生敬先列定海成山之要次道新羅百濟日本渤海高麗封境之詳蓋欲比遼東開元則例設招徠之術以爲收復大寧之本故也

朝鮮貢道自鴉鶻關由遼陽經廣寧過前屯入山海關日本貢道自寧波經杭州過蘇州揚州至淮安此駁夷微意若朝鮮自鴨綠江抵前屯山海日本自淮而入則路大徑

遼東東鴨綠江西山海關相距一千五百七十五里南旅順海口北開原相距一千七十里而都司城處其東北稍偏是爲東一大鎮廣寧處都司城至山海關之中是爲西一大鎮金州爲南鎮而旅順當

其衛開原爲北鎮而三萬鐵嶺瀋陽中接於南蒙州廣寧中屯輔於右巡撫及兵備住劄廣寧巡按及分守駐劄遼陽遼東地皆沃壤舊爲郡縣自置衛之後人多僑居生齒稍繁今置自在安樂兩州以處徙徒要之未足以盡規議近年黠卒内叛今參將馬永又物故可憂頭迹容徐徐視之耶

鴨綠混同二江同出女直國長白山其巔有潭州八十里南流至遼東朝鮮國爲鴨綠江南入於海北流爲女直混同江經金會寧府達五國頭城北東入於海

遼東出鎮北廣順撫順三關皆女直之地疆域甚廣混

同江南北水達逹悉隷馬西抵兀良哈南界朝鮮

安南海鎮

雲屯海鎮在交阯新安府雲屯縣之雲屯山在大海中番賈舟艑多萃于此末築中亦置一市舶所其山摩空直聳兩山對峙一水中通自海南黎母山發船西行水程九百里至海寶山自海寶北行水程三百里取鷄唱門入雲屯鎮轉入新安府或往安邦州州有安邦山其山岩穴重重面則枕海淤泥卑濕人馬難到小舟或可以行大舟則難海潮漲時直抵山址及潮漸退遠在山外將數百里其中平曠可以剏立宮宇儲積兵谷又有富良江發源

自宣江洮江沱江過白鶴江三帶州珥河黃江孟口寧口悶江龍王海門分出天符海門又分流出海潮小黃江仍過一江抵路沛會流入大全又入末江望瀛大小安海門福城山水江經大三口抵安謨仍自南平桂江月江會爲平灘歷傑特清涼禁門南超小大白藤江以至于棠江及多魚巴盧二海門其分流則自度魯江至但江大平海門併入大海然富良江水之經交州府利仁州也州有天健山其山四面石壁嶢岩中有平地廣數百頃其分流入建平府之長安州也則有草芦洞群山峭崒林木茂蒼巨川繞其前中有小河穿其內以

至羽林山四面周遭数百里木石翁塞遼繞回旋内有小河自安謨海門過大王口水至山下岩穴深重亦能穿透入洞山下之岩潮退可容小舟潮平之際弃洞之穴不見往尋無路欲問無人真天下之重險也安南陳氏僭據元人肆伐其躲避元兵多剏宮宇兵庫於安邦天建羽林草芦四處元兵入境乂處甚難難乂疾作勢必旋師然後併出四處兵衆散擊尾追此元人所以太敗后人所以不可不鑒也

安南黎氏婿陳而蔭陳黎江西人以貨楮至其地善堪輿以葬其親於彼國遂家焉墓前有鳥作聲云廣

寒宮裏一枝梅後其國忽大雪三尺許陳氏居清暑殿索聯於羣臣曰清暑殿前三尺雪衆莫能對黎子悟烏言續之時國王女名一枝梅處廣寒宮裏王乃感而婿焉渠國俗素不學無識每爲中國人所圖

交趾莫登庸起家古齋爲漁户令其子居黎氏舊宮聽治蓋東都之地也東都富良江南渠乃居古齋古齋瀕海各承政司恒賦入其子渠利漁於海庸令嚴有經制以綱爲營寨可漁可守海中下椿木按時開門以通舟行出入有紀庸勇而鷙能伏水中数日

西南海外十一國曰交趾曰占城曰西洋曰真臘曰白

花曰三佛齊曰暹羅曰蘇門荅剌曰瓜洼曰湓亨
　曰渤泥此
祖訓所不征豈國造草昧不敢勤荒之意
成祖以交趾簒其主且殺我使征之郡縣其地諸國惟
交趾聯壤中土有不得不議者後竟棄之此外惟
占城貞臘暹羅三佛齊通貢
　安南貢路
安南諒山府七源州唐時隸邕州邕即今之南寧也故
七源州有南交關通我龍州丘溫縣有鎮南關通
我憑祥州其廣源州又通我歸順州弘治己未安
南倍臣黎彥俊與憑祥知州李廣寧有隙奏爭貢

路欲專由龍州不經憑祥太平知府盧昴勘其叓

以

國初設鎮南關於憑祥而路必由龍州甚有深意仍

令貢道出南交關由龍州必經憑祥之鎮南鏤榜

告示其議始定夫思明太平必得諒山府上文下

文萬崖上思下思廣源七州及淵脱單巴如鼇丘

温琴抽平庫董夢翁蘭縣遠址鷄翎等十二縣然後

可以安枕人久知之矣其所以不可得者蓋地係

險要交人必爭其風土瘴嵐我師難處興師十萬

日費千金銳士不能久於瘴鄉驍騎不可馳於鳥

徑營柵無所立糧餉甚難通長兵無所施行器無

所用先有自困之形未有立舉之勢耳況諒山名雖七州十二縣其所出上賦亦薄載觀前後地形源泉疏地脉回隴上山腰敗石横危徑枯柴鋪新橋安南歲時賦其上産只是布白麻皮鹽硝竹紙桐油耳其視望江賦黄蠟蜂蜜桂皮新安則賦象牙犀角大原宣化則賦金銀鎮蠻大平則賦馬絹以至安出金背安雲屯産珠玳瑁石室匀滀産水銀珠砂及交州所出香椒蚺蛇并綿白磁盞等物其貧富尤不侔也蓋安南數郡惟諒山爲瘠華夷兵變惟諒山爲衝若盡心力恢復其地恐所出不足以供戍兵警急之間又當竭兩廣邊郡兵粮以

赴是方得不償其所失也近日憲臣在欽州開通互市其東都山南海陽安邦海東萬寧永安一遍民夷各裒土產俱集彭城港歲時抽分足給司府不常支用若用心撫懷傾國必赴歲稅所得或有倍於雷廉常賦矣竊欲廣其意推此政於邊方若龍憑鎮南南交兩關太平海口雲南臨安府之蒙自寧遠州之龍門敎化長官司之宣光與夫車里老撾及占城之新州召商聚貨任其互市一如近日欽州之故綢繆經理始終無僞吾見忠信孚於蠻夷蕃商不遠自至是故鎮南南交兩關之商通而諒山七州十二縣北江三州十二縣及左右前

後之邇於諒山北江者皆會矣太平海口之商通而桃榔等縣白藤沿江等州水陸咸會太平矣互市開於蒙自則歸化州石廩關安丘文盤文振水尾四縣嘉興州龍門四忭三縣咸出蒙自矣教化長官司之商通則宣化府贖縣當道文安平原抵江收物太蠻揚縣乙縣及白鶴海潮扶了快州諸處州鎮咸赴教化矣東里老撾設互市則安南之賔威等州鎮寧等府民夷致貨輻輳也占城新州置市舶西域南海五十九國水商沓至吾且未論而南出横山入河華則乂安清化兩府日南驩愛九真清化等州支羅安寧河華東崖安老俄樂等

三十四縣金銀犀象椒桂香蠟皆北踰橫山直來新州矣由新州循海而東歷廣南升華順化新平四府直至俄山則升華思義順化南至南布政等州黎江萬安開平義純和調蒲浪福康古鄧左平等十三縣南風起時我可以往北風起時彼偕我來其物產土貨山藏海錯吾皆得而兼有也且吾豈專為市舶之利而然也概念交阯一方自梁貞明間專於土豪曲承美前後篡據窮兵凶於勝負盡人命於鋒鏑民無所愬久矣吾欲多置務易不惟取其土產將以鈎彼虛實概會有啓絜其版圖如未可乘夏爽亦利此易師貞而吉伏王險於大

順哉不測于至靜者也茍不審時勢直欲構兵吾恐交阯未動我先弊怨結先成功未成無妄之藥不可試也已

西南夷

南海西域番戎奉表入貢者如安南占城真臘暹羅瓜哇瑣里西洋瑣里三佛齊古里滿剌加小葛蘭榜葛剌錫蘭岩里班卒柯枝呂宋合猫里碟里蘇禄忽魯謨斯忽魯毋恩甘把里麻林古剌沼納僕兒加異勒祖法兒溜山阿哇白葛達天方默德那南巫里急蘭丹奇剌尼夏剌比窟察尼烏涉剌踼阿丹魯密彭加那檜剌齊八可意坎巴夷替左法兒

黑葛達八荅黑商打叫日落日羅夏治梯菻婆羅門渤泥百花彭亨覽邦淡巴須文達那蘇門荅剌凡五十九國而閩廣番入諸番者數千餘人又聞占城爲安南所逼自新州遷都鶴頂上安南以莫氏阮氏陳氏鄭氏首爲禍亂各據土疆其占城舊都若新州以西靈山以南田土肥美魚鹽充裕羊與新州伱備貌三處灣港廻完之處可以泊舟山原之陽可以築邑二國各自有事共他又棄不理若允占城脩貢載行賜以真封嚴敕諸國允有閩廣水商久沒該國者盡室起赴新州分田立宅就其衆中之豪授以千百夫長之號內以鄣護占城

外則大通諸國運致此塗轉相貿易不出數年番舶畢集矣浙閩廣水商亦許徑至若遣官往理起例抽分足國裕民姑且未論而威伸南海交阯怵服仍以中國之化施之炎嶠則慕我聲名樂吾德教日漸月化其民可臣服矣縱奸雄倔起吾以新州步騎西北入橫山河華日南以新州舟師東南略廣南順化新安則交阯腹背受敵尤可以全取勝也交阯民田畝稅三升稍加增益民必爲變其爲府十七州四十四縣一百五十七若更置三司及軍衛有司計其歲入不足以給况望其上供以益國哉

聖祖屢置不校我
皇上姑催其降
先聖後聖　其揆一也大凡海水近吾邊陲之國風俗殊異除官置吏則甚不樂通其互市以濟有無則我所得倍於正賦彼不惟不覺不知且欲我亟來亟往但其名不遠人所耻言若從實深計則識利于民生國計也治國如理家理家以衣食爲先謀國以言利爲諱是心也王邪伯邪談王不知所以王及其無策欲用伯術以救之必無及矣於戴民力竭矣與其酷催科於常賦之中孰若開財源於常賦之外然此非臆見也孔明在蜀財用不足

取之南中唐以王鍔節度嶺南遠招蕃舶關中皆富於財又因以減廣州常征之稅甚矣市舶不可以或已也載觀南海西域諸國番胡嬰至占城乃進交廣其土産物貨若椒蠟香木犀角象牙鶴頂寶石玳瑁珠殼瑙瑙珊瑚白磁之屬與渤海朝鮮百濟新羅日本所出銅寶金銀及大白山之菟南海昆布柵城之豉扶餘之鹿部鄭之豕沃州之錦龍州之紬位城之鐵肅鎮之鏃率賓之馬盧城之稻湄沱之鯽與夫紹皮仁心在在咸有及我中國所出川廣藥材銅鍋易銚紗羅段縧蕉葛皆番夷素所願易而欲以相資濟者也縱其互市而起利

抽分始終無僞惟和惟一斯近悅遠來利盡四海孔明區區南中不足言矣是故在西南則有新州靈山而北通海南廣州在東北則有文登成山而南通太倉定海是乃天建地設而資我綏四夷而收其舶利者也蓋聞西南諸番耐暑不耐寒東北諸夷耐寒不耐暑西南諸番若過七洲獨殊則天氣必寒東北諸夷若來黑水成山則天氣必熱寒熱之交彼番夷所以欲遠交易不樂久居中國而爲沿海邊民之害者矣今之士大夫口不言利其用本適番亦多爲之惜其不爲生民計不爲朝家慮不肯建白以前而潤澤以推行之耳凡空船行

于海上者多有盗必惟通番貨賣者往還重載誦禱賽祭如或失焉振古皆爾不惟今然或者忿怒海賊還及番徒多取而殺之抑過矣

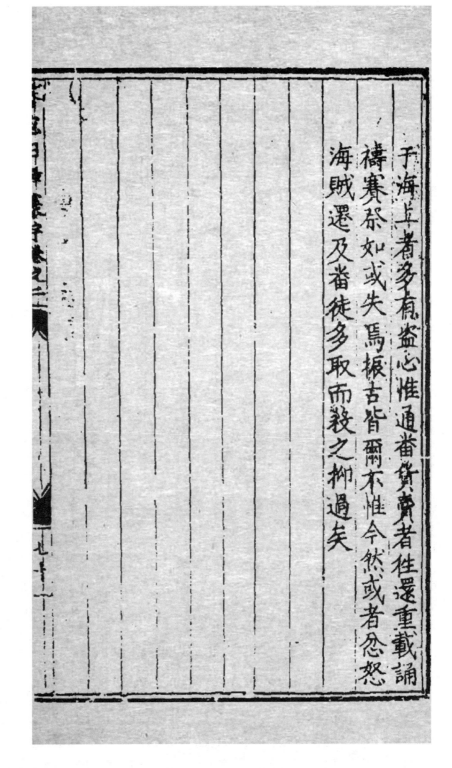

蓬窗日録卷之二

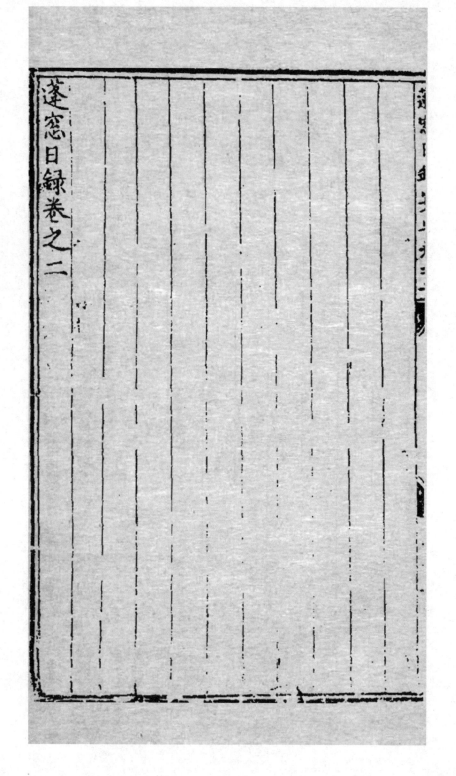

附全四册目録